thank you for not liking me

謝謝你不喜歡我

學會不抱怨的生活

Learning not to complain about life

李慧如 —— 編著

品讀文化

永續圖書線上購物網 讀品文化事業有限公司
WWW.foreverbooks.com.tw yungjiuh@ms45.hinet.net

思考系列 47

謝謝你不喜歡我：學會不抱怨的生活

編　　著　李慧如
出 版 者　讀品文化事業有限公司
執行編輯　林美娟
美術編輯　林子凌

總 經 銷　永續圖書有限公司
TEL／(02)86473663
FAX／(02)86473660
劃撥帳號　18669219
地　　址　22103　新北市汐止區大同路三段 194 號 9 樓之 1
TEL／(02)86473663
FAX／(02)86473660
出 版 日　2014年05月

法律顧問　方圓法律事務所　涂成樞律師
CVS代理　美璟文化有限公司
TEL／(02)27239968
FAX／(02)27239668

國家圖書館出版品預行編目資料

謝謝你不喜歡我：學會不抱怨的生活/李慧如 編著.
-- 初版. -- 新北市 : 讀品文化, 民103.05
面 ;　公分. -- (思想 ; 47)
ISBN 978-986-5808-46-4(平裝)
1.自我實現 2.生活指導
177.2　　103004782

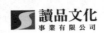

前言

進入社會，你也許會遭遇很多挫折，要經歷很多黑暗，很多時候會覺得無助，覺得自己做不了主。這時，你一定要記住：命運在自己手中，你面對著失敗的可能，也面對著成功的機會。如果你選擇逃避，把命運的交給別人，那麼你可能永遠都不會成功。

「命運掌握在自己手裡。」這句話包含兩層意思。一層，靠的是個人的努力和意志；另一層，靠的是別人的幫助。不要因爲現在你有求於人而覺得羞恥，只有幼稚的小孩子，才會覺得只靠自己就能夠成功。堅持相信命運並不是上天的賜予，而是自己選擇、自己努力以及大家幫助的結果，這一點有助於你更快成熟起來。

很多剛剛畢業的年輕人，因爲一些事情不能如願以償，或者遭遇一些挫折，就逐漸放棄了自己，認爲命運是由別人來掌控的，就業入職是由爸爸媽媽幫著張羅的，升職加薪是由上級和老闆決定的，結婚生子是需要和命中註定的那個他（她）有緣分……其實，每個人的命運都掌握在自己手中，人的發展方向和事業成敗，完全取決於自己。你只有積極進取，努力爭奪，才可能獲得滿意的結果。

一位哲人說：「人生就是一連串的抉擇，每個人的前途與命運，完全把握在自己手中，只要努力，終會有成。」就業也好，擇業也罷，創業亦如此，只要奮發努力，都會成功。

一次職業素養培訓課上，大部分人都對自己的前途憂心忡忡，覺得在職場找不到出路。培訓師瞭解到了這個情況，因此在開始時沒有像其他培訓師那樣直接進入理論授課，而是拿起一張紙扔在了地上，請坐在前面的一位學員回答：「請問這張紙有幾種命運？」

那位學員一時愣住了，好一會兒才回答：「扔到地上就變成了一張廢紙，這就是它的命運。」培訓師顯然並不滿意他的回答。他在那張紙上踩了幾腳，又撿起那張紙，把它撕成兩半扔在地上，然後，心平氣和地請那位學員再一次回答同樣的問題。那位學員被弄糊塗了，他紅著臉回答：「這下真的變成了一張廢紙」。

培訓師不動聲色地撿起撕成兩半的紙，在上面畫了一匹奔騰的駿馬，而剛才踩下的腳印恰到好處地變成了駿馬蹄下的原野。

培訓師舉起畫問那位學員：「現在請你回答，這張紙的命運是什麼？」

那位學員的臉色明朗起來，乾脆俐落地回答：「您給一張廢紙賦予了希望，使它有了價值。」

培訓師臉上露出一絲笑容。很快，他又掏出打火機，點燃了那張畫，一眨眼的工夫，這張紙變成了灰燼。

最後，培訓師說：「起初並不起眼的一張紙，我們以消極的心態去看待它，就會使它變得一文不值。如果我們以積極的心態對待它，給它一些希望和力量，就能起死回生了。一張紙是這樣，一個人也一樣啊。」

一張紙可以扔在地上變成廢紙，被我們踩來踩去；也可以折成紙飛機，飛得很高，讓我們仰望。一張紙尚且有多種命運，更何況人呢？命運如同掌紋，彎彎曲曲，然而無論它怎樣變化，永遠都掌握在我們自己手中。

其實人生就是一場戰鬥，假如你因爲膽怯、懶散而害怕人生的戰鬥，拒絕人生的戰鬥，隨波逐流。其實這是沒有用的，你還會因爲生存壓力，生活需要，自然地逼迫你參加人生戰鬥，結果當你被動地接受這場戰鬥時，你很可能會成爲一個戰敗者。你還不如主動出擊，選擇有利於你的人生戰場，去打一場真正的你選擇的人生戰爭，去爭取勝利。

我們每個人都是自己命運的主人，我們的人生是失敗還是成功，是默默無聞還是光彩顯赫，完全是自己造成的。

尼采曾這樣告誡我們：「那些受苦受難，孤寂無援，飽嘗凌辱的人，不要被妄自菲薄、自慚形穢、頹唐壓得抬不起頭，你們唯一所能依靠的就是自己，就是自己生命的力量。」

印度前總統尼赫魯曾經說過這樣一句話：「生活就像是玩撲克，發到手裡的是什麼牌是定了的，但你的打法卻完全取決於自己的意志。」所以說抱怨是解決不了問題的。

命運是由我們自己創造的，思路決定出路。這正如地上的路，其實地上本沒有路，走的人多了，也便成了路。路，就在腳下。上天給任何人的一生當中都留有一杯苦酒。如果一個人因爲嫌它苦就對它愁眉苦臉，只知道一味抱怨而不思改變的話，那人生的這杯苦酒就會伴隨他的一生，而且中途還會有更多的雜味添加，讓它越來越苦。

松樹無法阻止大雪壓在它的身上，蚌無法阻止沙粒磨蝕它的身體，但它們可以彎曲自己、可以包裹沙子來適應這悲慘的遭遇，學會和環境化敵爲友，這是一種適應性，也是一種生存的技巧。我們也許沒有選擇的權利，但我們有改變自己的能力。

環境確實會影響我們的成功，這點我們必須承認。工作條件好，不用下什麼功夫，公司就能多賺錢，福利也很好，我們的生活和工作肯定會更舒適，成功相對來說也會很容易。然而，似乎很少有具備這些條件的工作，而且即使有這樣的工作，憑這種工作態度，你覺得自己能贏得這份工作嗎？年輕人有時會感到茫然，覺得「工作很痛苦但是還必須忍受，因爲我需要生存」是一件很悲慘的事；有時也會覺得沒有時間做自己喜歡的事，沒有資本按照自己的喜好做事，覺得非常痛苦。的確是這樣，如果你沒有辦法把握自己的生活，你的生活會充滿遺憾。

爲自己的選擇努力拼搏，能夠把命運掌握在自己手中，這對於很多人都是適用的。一個人的努力，可以改變因爲家庭、環境而造成的不好現狀。命運一半是上天的賜予，另一半是個人努力的結果。你生長在一個什麼樣的家庭，受到了什麼樣的教育，誰都無法改變，可以改變的只有你自己。透過個人的拼搏，完全可以改變周圍的環境和自己的境遇，這樣你就可以把命運掌握到了自己的手中。土地貧瘠還是肥沃，誰都無法改變，可是只要有足夠的努力，種上適合的作物，每一塊土地都能有不錯的收穫。

自己制訂計畫，並按照自己的計畫做事，這是把命運掌握到自己手中的具體方式。如果發現事情的發展是在自己的意料之中，你就會意識到，原來自己也可以掌握事物的發展，原來自己也可以掌握自己的人生。這種感覺是非常美妙的，而只有按計劃行事的人，才能體會這種感覺。

把命運掌握在自己手裡，不僅是說說而已，還必須有自己的一套實施方案，比如按計劃進修，按計劃請客交友、尋找貴人、謀劃升職……當完成人生中的一個階段，回顧時，你就會感歎原來人真的可以掌握自己的命運。

我們以後的人生是由自己的艱苦奮鬥所決定的。有一些人過著「做一天和尚撞一天鐘」、過一天算一天的日子，一生平平常常，受別人的牽制，這樣的人生是多麼可悲。而另一些人面對困苦，不怨天尤人，而是積極地去改變，那麼無論他最終是不是能夠成功，他的每一天都會是充滿陽光的。

誰也沒有權力規定我們的生存方式和生活方法，包括我們的父母。

命運由自己創造，命運掌握在自己手中。你的學習成績、你的知識水準、你的朋友、你的伴侶、你的事業與生活、你的財富、你的整個社會人生，取決於你個人後天的努力，取決於你個人個性與精神的發展，取決於你個人頭腦中辯證的思維和果敢無畏的行動。

上蒼給了我們生命，但不能主宰我們的命運，命運由我們自己主宰。人生的關鍵就是那麼一步，不要被命運掌控，你才是自己命運的主人。

Contents

心，唯本色為美

本色，就是沒有任何刻意的渲染與勾畫，但是，依然有發揮的一面。只有本色做人，無欺無詐，踏實做事，才能贏得他人的尊重和愛戴，才更容易成功。機關算盡太聰明，反誤了卿卿性命。不能本色做人，反而更容易吃虧。本色做人，活得才坦然，做事才能出色。

羅素曾經寫道：「To be without some of the things you want is an indispensable part of happiness.（須知參差多態乃是幸福之本源）。」各種美學著作中也把「整齊劃一」作爲最低級的美。芸芸眾生，只有擁有本色，才不至於盲目地隨波逐流。

有這樣一個人，工作之後就一心想著升官發財，但是，等到他有了斑斑白髮，他依然只是一個小職員。為此，這個人一直不開心，每次想起來就會忍不住流下眼淚，有一天竟然在辦公室號啕大哭起來。

一個剛來的年輕人看到一個老人在辦公室哭，覺得非常奇怪，於是，年輕人問他為什麼這麼難過？這個人說：「我年輕的時候，剛來到這裡上班，發現我的上司對文學非常感興趣，於是，我便開始學作詩、寫文章，但是，想不到我剛剛學得有點成績了，我的上司卻換了。新換的上司對科學知識非常感興趣，於是，我就開始惡補科學知識，但是，上司卻嫌我學歷太低、太年輕，所以，沒有重用我。現在又換了上司了，我覺得該重用我了，文武兼備，人又老成，但是，沒有想到，這個上司卻喜歡重用青年才俊。我……我這一大把年紀了，離退休的日子不遠了。

沒有自我的生活是索然無味的，喪失自我的人是可悲的。有的人一輩子都生活在別人的陰影下，別人的一個評價都會影響他們行事、說話，難免落得老來大哭的下場。

做人做事，重要的是懷著一顆本色的心，這樣才能踏踏實實做事。每個人都是自己唯一的主宰。我們有權力決定自己的生活，也有自主權裁定哪些事應該勇敢面對，哪些事不必去做。在生活的潮湧中，我們不需要在乎別人的眼神，而迷失了自己的本色。我們所宣導的是，如何學會在物欲橫流中，保持獨立的自我品味和人格操守；是如何在人云亦云的社會洪流中，堅守自己立身處世的原則與本真。

很久以前，有一個非常優秀的士兵，被將軍直接提拔，當上了軍官。這個士兵心裡自然非常高興，每次行軍的時候，他喜歡走在隊伍的後面，這樣可以看到自己的全部隊伍。

有一次，在行軍的過程中，他的敵人取笑他：「大家看，他哪像個軍官啊，整個就是一個放牧的。」

這個軍官聽後，就走在了隊伍的中間，這個時候，他的敵人又嘲笑他了，「你們看，他哪像個軍官啊，整個就是一個膽小鬼，藏到隊伍中間去了。」

這個軍官聽到後，又很快走到了隊伍的前面，心想，這下總該不會說我了吧。這時候，他的敵人依然在譏諷他：「你們看，還沒帶兵打過勝仗，竟然敢走在隊伍的最前面，真不知羞恥。」

軍官聽了以後，心想：不能什麼都聽別人的，不知道自己該往哪走。於是，他毅然回到了隊伍的最後，再也不顧敵人的挖苦。從那以後，行軍的時候，他想在哪個位置就在哪個位置，敵人的話對他一點意義也沒有了。

人如果沒有自己的主見，肯定是無法承受別人的議論的，最後可能連自己該做什麼都不知道了，必然會一事無成。歌德曾經說過：「每個人都應該堅持走爲自己開闢的道路，不被流言所嚇倒，不受他人的觀點所牽制。」我們要想活得輕鬆一些，就不應該迷失自己的本色，而應主宰自己，做自己言行的主人。

在熙攘的世界裡，人們失去了灑脫與自由。爲物所擾，爲己所累，是現代人的一大生存困境。我們只有解開心中的枷鎖，才能將自己解放出來。融入自然，心才會在無限的空間裡馳騁。令人期待的放鬆，從心開始。有一天我們做到了剝去層層包裹，讓呼吸釋放於天地萬物，人生的樂趣會擴大到一個無限的世界中去……文飾的最高境界，就是返璞歸真，就像化妝的最高境界是自然美一樣。一個人的最高境界就是：做本色的自己。

有一位公共汽車駕駛員的女兒，她想當歌星，但不幸的是她長得不好看，嘴巴太大，還長著暴牙。她第一次在新澤西的一家夜總會裡公開演唱時，一直想用上唇遮住牙齒，她企圖讓自己看來顯得高雅，結果卻把自己弄得四不像，這樣下去她就註定要失敗了。

幸好當晚在座的一位男士認為她很有歌唱的天分，他很直率地對她說：「我看了妳的表演，看得出來妳想掩飾什麼，妳覺得妳的牙齒很難看？」那女孩聽了覺得很難堪，不過那個人還是繼續說下去：「暴牙又怎麼樣？那又不犯罪！不要試圖去掩飾它，張開嘴就唱，妳越不以為然，聽眾就會越愛妳。再說，這些妳現在引以為恥的暴牙，將來可能會帶給妳財富呢！」女孩接受了那人的建議，把暴牙的事拋諸腦後，從那次以後，她只把注意力集中在觀眾身上。她開懷盡情地演唱，後來成為電影及電臺中走紅的頂尖歌星，現在，別的歌星倒想來模仿她了。這個女孩就是凱絲•達萊。

其實有很多人都是因爲堅持本色的自己而成名的，如卓別林開始拍電影的時候，那些電影導演都堅持要卓別林去學當時非常有名的一個德國喜劇演員，可是卓別林直到創造出一套自己的表演方法後，才開始成名。瑪格麗特•麥克布蕾剛剛進入廣播界的時候，想做一個愛爾蘭喜劇演員，結果失敗了。後來她發揮了自己的本色，做一個從密蘇里州來的、很平凡的鄉下女孩子，結果成爲紐約最受歡迎的廣播明星。金•奧特雷剛出道的時候，想要改掉他德州的鄉音，穿得像個城裡的紳士，自稱是紐約人，結果大家都在他背後笑話他。後來他開始彈琴，唱他的西部歌曲，開始了他那了不起的演藝生涯，成爲全世界在電影和廣播兩方面很有名氣的西部歌星。

這些人的故事告訴我們一個事實，我們每個人都是造物主獨一無二的創造，我們的心靈不需要任何修飾，只要活出本色，每個人都可以很優秀，都可以成功。就像愛默生在他那篇《論自信》的散文裡所說的：「在每一個人的教育過程之中，他一定會在某個時期發現，羨慕就是無知，模仿就是自殺。不論好壞，他必須保持本色。雖然廣大的宇宙之間充滿了好的東西，可是除非他耕作那一塊給他耕作的土地，否則他絕得不到好的收成。他所有的能力是自然界的一種新能力，除了他之外，沒有人知道他能做些什麼，他能結什麼果，而這都是他必須去嘗試求取的。」

是的，上天把不同的土地放在不同的人心中，這註定會讓他們結出不同的果實，問題的關鍵就看你怎樣耕耘。普林斯頓大學校長哈洛·達斯在一九五五年的學生畢業典禮上，以《成爲獨立個體的重要性》的題目發表演說，指出：「人們只有在找到自我的時候，才會明白自己爲什麼會到這個世界上來，要做些什麼事，以後又要到什麼地方去等這類問題。」

每個人都應該有為人處世的原則。不要在乎別人認為我們該做什麼，但我們必須保持自己的本色，知道我們該做什麼。如果可能的話，一個人可以在寧靜的時刻正視自己的心靈，拋開世俗的聲音，只傾聽自己的心聲，因為只有本色的心才是最美、最真實的。

方圓通達，保全個性

做人當方外有圓，圓外有方，外圓內方，有忍的精神、有讓的胸懷、有貌似糊塗的智慧、有形如瘋傻的清醒……做人當不失方正本性，但處世不可太方，否則，易碰壁。我們要學會圓融處世，能適應，會變通，左右逢源也可偶一為之。要記得，知世故而不世故，有所不為才有所為。

黃炎培曾給兒子寫信說「和若春風，肅若秋霜；取象於錢，外圓內方」。意思是做人應當方圓並用，該方則方，該圓則圓，巧妙地把握「方」、「圓」的轉化。

自古做人難，做人要懂得方圓之道。方是做人的脊樑，是壯士立志、平天下的氣度；圓是處世的錦囊，是聰明者協調乾坤的行爲準則。爲人處世要方圓有度，在方中做人，在圓中歸真，做到千變萬化，才可圓潤通達。

隋文帝開皇年間，著名儒家學者沈重於太學講經，授業弟子常常多達千人，其中一人便是徐文遠。徐文遠是名門後，由於家道中落，其兄徐文林常在街上擺攤賣書，文遠每日到哥哥的書攤上讀書。經過長期刻苦自學，他博通五經。這一次他聽沈重講經，只聽講數日便辭行。有人問他緣由，他回答說：「先生講的都是書本上的話，我早就背熟了。至於其中奧妙之處，先生沒有發現，當然也不能講出來。」沈重聽到文遠的話後，立即召見這個「狂妄」的孩子。兩人見面經過一番交談後，沈重十分讚歎徐文遠的才能。後來，隋文帝任命徐文遠為太學博士，又命他到並州為漢王楊諒講授經書。由於漢王楊諒謀反，文遠亦受牽連而被撤職，貶為庶民。

隋煬帝大業初年，由於禮部侍郎許善心的推薦，徐文遠在國都洛陽再次被任為國子博士，開始傳道授業。他講課常使學生聽而忘倦，受到國子諸生的歡迎。除授業國子諸生外，隋末幾個著名人物竇威、楊玄感、李密、王世充等均先後受學於他。由於他學識淵博、品性方正，所以雖當時戰亂無常，當政者均請他為學官。

隋煬帝敗死後，越王楊侗被立為恭帝，即命徐文遠為國子祭酒。當時洛陽饑荒，徐文遠只得親自出城打柴維持生計，農民義軍領袖李密見到了徐文遠，便請他坐在朝南的上座，自己則率領手下兵士向他參拜行禮，拜他為師，請求他為自己效力。徐文遠對李密說：「如果將軍你決心效仿伊尹、霍光，在危險之際輔佐皇室，那我雖然年邁，仍然希望能為你盡心盡力。但如果你要學王莽、董卓，在皇室遭遇危難的時刻，趁機篡位奪權，那我這個年邁體衰之人就不能幫你什麼了。」李密答謝說：「我敬聽您的教誨。」

後來，李密戰敗，徐文遠投奔了王世充。王世充也曾是徐文遠的學生，他見到徐文遠十分高興，賜給他錦衣玉食。徐文遠每次見到王世充，總要十分謙恭地對他行禮。有人問他：「聽說您對李密十分倨傲，對王世充卻恭敬萬分，這是為什麼呢？」徐文遠回答：「李密是個謙謙君子，所以像酈生對待劉邦那樣用狂傲的方式對待他，他也能接受；王世充卻是個陰險小人，即使是老朋友也可能會被他殺死，所以我必須小心謹慎地與他相處。我察看時機而採取相應的對策，難道不應該如此嗎？」等到王世充也歸順唐朝後，徐文遠又被任命為國子博士，很受唐太宗李世民的重用。

洪應明在《菜根譚》中說：「處治世宜方，處亂世當圓，處叔季之世當方圓並用。」隋末唐初，正值亂世，徐文遠乃一介書生，他之所以能在此亂世保全自己，屢被重用，就是因爲他爲人處世方圓通達，針對不同的人採用不同的應對之法。我們在爲人處世時，要以行動之「圓」助思想之「方」，要善用高尙的思想來提高行動的價値，善用圓滑的行動來落實高尙的思想，在方圓並濟的同時，保全自己的個性。

縱觀世界歷史，凡能成就偉業者，無不是深諳做人之道。他們知道做人何時應該進，何時應該退，何時應該發脾氣，何時應該深藏不露。他們多是方圓通達之人，在危難時總能把做人的機智技巧運用得淋漓盡致。

《莊子・天下篇》中說：「矩雖然可以用來畫方，但是矩本身不是方的，所以說矩不可以爲方；規雖然可以用來畫圓，但規本身不是圓的，所以說規也不可以爲圓。」《算經》中說：「方中有圓者，謂之圓方；圓中有方者，謂之方圓。」古人的這些話說明瞭可方可圓的道理。

可方可圓，是爲人處世的最高境界。做人也要效法天地，像天那樣生生不息，大公無私；像地那樣厚樸篤實，寬厚待人。尊與卑、智與愚、貴與賤、得與失……都在方、圓之間。

提起劉墉的父親劉統勳，似乎人們腦海裡馬上閃現出一個嫉惡如仇的清官忠臣形象。其實，這僅僅是人們從表面上看問題罷了。因爲在封建社會皇帝一個人獨裁的情況下，一個大臣無論你多麼能幹，即使你有通天的本事，如果處處與皇帝對著幹，老是逆龍鱗，其下場也好不了。

方圓是一種手段，更是一種層次。大而言之，方是做人的底氣，圓是成事的方法。將方與圓雙劍合璧的人，才是能夠縱橫捭闔、任意揮灑的「武功」高手。

外圓內方的處世哲學是中國傳統文化的重要組成部分，也是正確處理各種關係的有效方法。方是對原則的遵循，對道德標準的維護；圓是思路的變通，是手段的靈活。人們處在各種關係之中，方圓之道是其安身立命、殺出重圍的重要途徑。

方是做人之本，是堂堂正正做人的脊樑，但是人僅僅依靠方是不夠的，還需要有圓的包裹，圓就是圓通，圓活，圓融，圓滿。只要我們圍繞著這一個圓字，做足了通、活、融、滿，你就摸索到了爲人處世的真諦。

在現實世界裡，一個人如果個性過頭，有稜有角，必將碰得頭破血流：但是一個人如果八面玲瓏，圓滑透頂，總是想讓別人吃虧自己佔便宜，也會遭到唾棄。所以，我們說，做人不能太個性，也不能太不個性，做人應該掌握好分寸，力求做到圓中有方，方中有圓——成熟而不單純，圓通而不圓滑。方圓並濟，保全自己，才是智者所為。

不要為權貴放棄原則

大千世界，有許多我們願意，而且應該做的事。同時，在有些時候、某些情況下，許多事情是我們所必須做的。哪怕是一生只能做一次，哪怕因此而中斷了自己的生命，我們也必須不顧一切地勇往直前。這些事大到國難當頭為國捐軀，小到為朋友赴湯蹈火兩肋插刀。與此相反，在這個世界中，有許多我們不該做的事，比如屈服於權貴，放棄做人的原則。這些事情即使刀架在脖子上也不能幹。

人們所說的原則性問題主要有兩種，一是尊嚴，一是應得的利益。尊嚴是精神上的原則性問題，一個人格健全的正常人是不能允許別人輕易冒犯自己的尊嚴的，尊嚴受到損害有時比物質利益的損失更能讓人感到痛苦和難以忍受。一個人的素養越高越看重自己的人格與尊嚴，所謂「士可殺不可辱」，正是這個意思。

不畏權貴放棄原則，是一種氣節個性，一種精神的內在表現，一種力量和尊嚴。中國自古以來，氣節都是十分重要的，很多名人志士爲保氣節不惜犧牲自己的諸多利益，甚至生命。不爲五斗米折腰的陶淵明就是其中一個。

四十一歲的陶淵明一直想要歸隱山林，但還是在朋友的勸說下出任了彭澤縣令。一次，縣裡派督郵來瞭解情況，陶淵明被告知面見大臣需穿戴整齊，還要恭恭敬敬地迎接。當他瞭解到前來視察的督郵為人不端還總是自命不凡，覺得十分不滿，於是氣憤地說道：「為了這小小縣令的五斗俸祿就向那些人低聲下氣去獻殷勤，我不幹了。」說罷，便辭去官職，回家了。

陶淵明不爲五斗米折腰，不僅讓心靈得到了解放，也保全了人格和尊嚴，最終流芳百世，成為後世有志之士的楷模。人活在這個世上，一定要捍衛自己的人格和尊嚴，守住自己的骨氣。可以這樣說，只有不為五斗米折腰的人，才是真正頂天立地的人。

孟子曾說過：「不要我所不要的東西，不幹我所不幹的事。求我所必求，為我所必為；當取則取，當捨則捨，如此而已。」我所不要的東西，既包括我們不該要的東西，也包括我們不必要的東西。不該要的東西不要，比如，來路不明的不義之財；不必要的東西也不要，比如，脫離實際的浮名虛榮。不能要不必要的東西，如果要了，人就變成了外物的奴隸，本來受人驅遣被人役使的外物便轉而控制了我們自己。因而，我們不應為權貴而放棄自己的原則，以免貪小利而忘大義，派生出不滿的欲壑，長成吞象的蛇心，最終一個跟頭栽進萬劫不復的深淵。

西元二六二年（魏景元三年）一個夏日，在洛陽東市刑場上，一代名士嵇康面對死亡卻面不改色心不跳，正在彈那首曠世未有的《廣陵散》。一曲終了，嵇康從容地看了看快要落山的太陽，不無遺憾地歎道：

「《廣陵散》於今絕矣！」

嵇康之死，不是因爲他犯了什麼死罪，而是因爲他不拘禮法、率性坦蕩的精神和蔑視權貴的態度。

嵇康是竹林七賢的領袖人物，崇尚自然，詩氣峻辭清，深刻犀利，精通音律。嵇康蔑視官場不屑權貴，遠離官場跑到城郊去打鐵。嵇康在鍛鐵的同時，也鍛造了自己的靈魂。就在嵇康打鐵打得興高采烈的時候，司馬昭的寵兒鐘會突然來訪。嵇康懶得理他，連頭都沒抬。鐘會尷尬了一會兒動身要走，嵇康問話了，很幽默：「何所聞而來？何所見而去？」

歷史上許多人都秉承這種「安能摧眉折腰事權貴，使我不得開心顏」的傲骨，無所謂明智與否，每個人的世界觀、人生觀也不盡相同，實現自己人生價值的途徑也不同。但是這種不畏強權，敢於直面自己的本心的行爲，是值得我們敬佩的。

當今很多擁有高學歷高素質的年輕人有責任心，有遠大的理想，在實踐的過程中經受了各種考驗。他們從不輕易地卑躬屈膝，即便有人用優厚的待遇來誘惑，只要違背做人原則，他們都會予以拒絕。能夠堅持自己的原則並且與破壞原則的事情進行抗爭，才能守住立身爲人的根本。

有一個名氣很響的跨國公司，招聘一名總經理助理，年薪至少二十萬美元。在眾多應聘者中，麗莎氣質端莊，業務精幹，很快脫穎而出。面試的最後一關是由總經理親自面試，總經理對她進行了長達兩個小時的面試，麗莎從經營方略到內部管理、新品開發等多方面闡述了自己極具建設性的想法。總經理認真地聽著，不時贊許地點點頭。顯然，他對麗莎的表現很滿意。

「好了。」總經理說，「講了半天，口一定渴了。我也有些口渴，請妳去買兩瓶可樂來。」說著遞給麗莎一張百元大鈔。

麗莎來到街前商店，買了兩瓶可樂。回來遞給總經理時，把剩下的錢也一分不差地交給總經理。她知道，這很可能也是考試內容的一部分。果然，總經理打開一瓶可樂，說，「這是今天測試妳的最後一道題目了。妳已經給我留下了很好的印象，如果這道題妳能回答得讓我滿意，妳將通過今天的測試。假如這兩瓶水中有一瓶被人摻了毒藥，當然目標是針對我。現在，我命令妳先嘗一嘗。」

麗莎說：「我明白你是在測試我對公司和你的忠誠度。雖然我知道也許我嘗了你就會錄用我，雖然我很想得到總經理助理這個位子，但我不能嘗。我認為你這樣是對我人格的侮辱。」總經理怒道：「這次應試者上千人之多，我別說讓他們喝這沒毒的可樂，就是真讓他們喝毒可樂，他們也會喝！」

麗莎正色道：「我認為你剛才說的話與你的身份地位很不相稱。對不起，我覺得今天的測試該結束了！」說著要起身離去。

總經理立刻和顏悅色地說：「請原諒，剛才只是測試。我很欣賞妳的反應和妳的品格。請坐，今天的測試妳通過了。祝賀妳！妳被錄用了。」

麗莎說：「招聘是人才與企業之間的雙向選擇，你的測試我已經通過了，但我對你們的測試你卻沒有通過，你不是我能接受的總經理。再見！」說完，拂袖而去。

現今人際交往中的矛盾如果以平等互利的方式來解決都是可以化解的。但是，如果矛盾涉及了原則性問題，那麼就必須站穩腳跟，寸步不讓，即使是細節也不能讓。方圓之人懂得如果原則的問題也要讓步等於失去了自己的原則。

古希臘哲學家亞里斯多德說：「對上級謙恭是本分，對平輩謙遜是和善，對下級謙遜是高貴，對所有的人謙遜是安全。」謙恭做人但卻不能因權貴放棄自己的原則，這才是一個人無往不勝的要訣。

遷就別人也要有底線

一個人總要有自己的個性與原則，不能一味遷就別人，一點主見也沒有。這裡的個性與原則既包括辦事的方法，也包括日常生活中為人處世的立場、原則，少了哪個都會給你帶來困難，並將影響你的生活。

做人是需要有底線的，有了底線，你的價值觀才能確立，你的性格與行爲才能規避風險，因而即使遷就和順從別人也應堅守自己的底線，堅持自己的底線，才能堅持自我個性。

麥克斯在印尼峇里島的時候，有一次逛集市，看上了一個木雕。

「多少錢？」他問。

「兩萬盧比。」

「八千！」麥克斯說。

「天哪！」小販用手拍著前額，作出一副要暈倒的樣子，然後看著麥克斯，「一萬五。」

「八千。」麥克斯沒有表情。

「天哪！」商販在原地打了一個轉，轉向旁邊的攤子，對著那攤子舉起手裡的木雕喊，「他出八千！天哪！」又對著麥克斯，「最低了，我賣你一萬三，結個緣，明天你帶朋友來，好不好？」

麥克斯笑著聳聳肩，轉身走了，因為他口袋裡只有九千，就算他出到九千，距離一萬三，還是差太遠。他才走出去四五步，小販就在後面大聲喊：「一萬二、一萬二啦！」

麥克斯繼續走，走到別的攤子上看東西，小販還在招手：「你來！你來！我們是朋友，對不對？我算你一萬，半賣半送！」

麥克斯繼續走，走出了那些攤販聚集的地方。突然一個小孩跑來，拉著他，他好奇地跟他走，原來是那攤販派來的，把他拉回那家店。

「好啦！好啦！我要休息了，就八千啦！」

現在，每次麥克斯看到桌子上擺的這個木雕，就想起那個小販。他常想：「我爲什麼能那麼便宜的買到？」因爲他堅持了自己的底線。麥克斯也想，小販爲什麼會賣？因爲小販覺得他心中有個最低的底線，並且很難衝破。

買東西如此，做人也是如此。雙向的溝通，有時候就像討價還價，你不可能讓對方全部得逞，他也不可能對你完全讓步。兩方一定先在心裡有個底線，再在這個底線上溝通。也只有這樣經過反覆磋商，雙方才會「讓步」，也才會有「收穫」，這樣的溝通才叫作「雙贏的溝通」。

遷就別人是爲了求得暫時的安寧，對和解雙方關係做出的犧牲行爲。遷就得好，會帶來良好的效果，遷就得不好，卻會帶來惡性或不良的結果。

陳菲菲和男朋友認識挺久了，可是最近卻出現了危機。

陳菲菲從小被寵大的，脾氣卻很好。慢慢地，陳菲菲發現男朋友的脾氣並沒有她想像的好，會為了一點小事就生氣。

於是，陳菲菲在他面前，總是小心翼翼的，處處遷就男朋友，而男友卻覺得是自己在遷就菲菲。

知道菲菲和男朋友感情的好朋友，都會勸說菲菲放棄這段感情，可是菲菲還是捨不得自己的感情，於是她更加遷就男友。然而，最後他們還是分手了。因為男友認為菲菲沒有個性。

男人需要有頭腦和原則的女人，他會尊重一個能跟他平起平坐的女子，一個能把握自己的女人。在電影《來去美國》（Coming to America）中，艾迪・墨菲飾演了其中的王子，看過這部電影之後，誰都不會忘記這樣一個情節：直到婚禮之前，王子才在聖殿上認識了他漂亮的未婚妻。王子把新娘帶到後面的房間，問她：「你喜歡什麼？」她回答：「凡是你喜歡的，我都喜歡。」接著，她的回答越來越恭順。再下來，王子讓她學狗叫，還要求她單腳跳著叫。就在她一一順從的時候，他意識到他不能讓這個婚禮繼續下去了。無論男女，一味遷就都不是經營感情的好方法。因爲，如果只是一味地遷就別人，那你就再也不能成爲你自己了。

一味的遷就很容易讓人感覺到這是你軟弱的表現，一個軟弱的形象很容易被人瞧不起，進而導致在以後的交往中容易被更多的人輕視、欺侮。有的人確實是性格上天生溫和、善良，但要注意從維護自己的形象和利益出發。心裡要清楚，對什麼人可以遷就，對什麼人卻不能遷就。如果你的遷就帶點「討好」的味道，那就更大錯特錯了。靠遷就去換得別人的好感，大部分情況下是適得其反。除非你遇到一個非常善良的智者或者和你一樣喜歡一味遷就的人。

一味的遷就還容易讓人失去自己的個性與主見，分不清是非。在遷就的同時，總會在是非問題上作些妥協，久而久之，你會發現有些時候自己也搞不清到底什麼是對，什麼是錯。如果在原則問題上一再遷就，有時會害了自己。犯了錯誤，甚至以身試法，自己還蒙在鼓裡。

遷就別人要有自己的底線，一味遷就就會失去自己的原則。有些事情，可以遷就，但是要遵循自己的原則。做什麼事情都要有個分寸，不能過度，否則就是沒有原則：什麼事情沒有原則，只會帶來不良後果，而不會有什麼好的結局。

美國作家瑪格麗特・密契爾在小說《飄》中塑造了一位名叫郝思嘉的女孩，歷亂世之際遇，她始終認為人都有其最好的一面，並從好的方面對其進行評論、鼓勵、讚譽，喚醒其健康人性。郝思嘉待人友好、誠實，即使遇到險惡的人和骯髒的事，她也不悲觀絕望，認為那只是個例與偶然現象。重要的是，她任何時候都不喪失做人的底線。她這種處世態度和方法，也得到了應有的回報，所有人都喜歡她、敬重她，她活得十分充實、快樂。

在這個強調交際和處事能力的社會，人與人之間都是有防備心的，每個人在與人交流時都有自己的底線，這樣可以使自己做人做事有原則。這個底線是別人不能隨意觸碰的，因此，在你的日常生活和交流中，一定要多留意別人所在意的事情和東西，很可能那就是他的底線所在。但是，不要將自己的內心對他人封閉起來，因爲人與人交流是心在交流，有沒有用心是很容易感覺出來的。

喜歡一再遷就的人要學著改變一下，應該告訴自己在適當的時候要警醒一下別人，或在關鍵時候予以回擊。對於一些善意的玩笑，一時過火的行為，遷就一下可以顯示你的涵養，但對於那些一貫性的、污辱性的甚至無賴性的侵犯，遷就就等於綿羊投降於惡狼面前。這時候需要的是反抗。當然在此之前不妨先警示一下對方，以示你的風度。即使你也知道反抗的結果可能斷絕來往，甚至付出更慘重的代價，你也得奮力去做。即使你力不從心，或者可能遭來更大的侵犯，你也得堅強地去做，因為結果往往是邪不壓正。不管結果如何，你要從維護自己的形象出發，從拯救一個醜惡的靈魂出發，給予迎頭痛擊，代世界教訓一下壞人，讓他知道，該如何尊重人。

尊重他人的立場和原則

俗話說：「種瓜得瓜，種豆得豆。」把這條樸素哲理運用到社會交往中，就是：你處處尊重別人，得到的回報就是別人處處尊重你，尊重別人其實就是尊重你自己。

將一個圓球，一半塗成黑色，一半爲白色，一個人站在白色一邊，另一個人站在黑色一邊。不言而喻，每個人都只會站在自己的角度去看這個球是白色還是黑色。如果我們能站在對方的角度去考慮問題，那麼我們就能夠給對方的做法給予更多的尊重與理解，事情就更容易解決。

別人之所以那麼想，一定有他的原因。找出那個隱藏的原因，你就

擁有了解釋他的行爲或者個性的依據。試試看，真誠地使自己置身於別人的處境裡，如果你總能對自己說：「我要是處在他的情況下，會有什麼感覺？會有什麼反應？」那你就能節約不少時間，免去許多苦惱，因爲「若對原因感興趣，我們就不大會討厭結果」。而除此以外，你還將大大提高做人的技巧。

在人際交往中，我們不應以自我爲中心而完全不顧他人的顏面、立場，如果我們將自己的價值標準強加在別人頭上，輕則得到的是不和諧的人際關係，重者可能使自己頭破血流，一無所獲。

有兄弟二人，出門做生意，他們來到一個偏遠荒蠻的地方，這個地方的人都不穿衣服，稱作裸人國。哥哥見了這副樣子，皺著眉頭說：「這兒的人如此不講廉恥，豈非和畜生一個樣，我們怎能跟這種人交往？」弟弟對哥哥的話則不以為然：「一個地方有一個地方的習俗，我們只管和他們做生意，何必在意他們的生活習慣呢？你覺得人家不穿衣服是不講廉恥，說不定人家見你還覺得奇怪呢？」於是弟弟仍舊和他們做生意，和他們一起吃飯，一起唱歌跳舞，結果裸人國的人上至國王，下至普通老百姓，都十分喜歡他，他的貨物也被以高的價錢搶購一空。而他哥哥總是指責裸人國，認為這也不好，那也不對，引起當地人的憤怒，大家把他抓住打了一頓，還把他所有的貨物都搶跑了。全虧了他弟弟說情，裸人國的人才沒有進一步為難他。

對同一件事，從不同的角度看往往能得出不同的結論。因此，當他人的觀點跟自己的不一樣時，千萬不要急於指責別人，多從他人的角度想，許多爭執和問題就迎刃而解了。只以自己的一貫立場去衡量或要求別人，是對他人的不尊重。這對於一個領導者尤其重要，不尊重他人立場的領導者，必將自己封閉起來，也不會得到眾人的尊重。

尊重他人的立場和原則就要學會站在別人的角度思考問題。香港著名企業家李嘉誠是一位擅長換位思考的人，他有一句名言：「與人合作，你能分到十分，你最好只拿八分或七分，這樣你就會有下次合作。」換位思考易服人。上半夜想自己的立場，下半夜想別人的立場。我們要放棄對他人的成見，設身處地地替別人著想，尊重和瞭解別人的態度和觀點。

一位母親在耶誕節帶著五歲的兒子去買禮物。大街上迴響著聖誕讚歌，櫥窗裡裝飾著彩燈，還有可愛的小精靈載歌載舞，商店裡五光十色的玩具應有盡有，熙熙攘攘的人群格外熱鬧。

「一個五歲的小孩該以多麼興奮的目光觀賞著絢麗多彩的一切啊！」母親牽著孩子的小手毫不懷疑地想。兒子卻緊抓著她的衣角，嗚嗚地哭出聲來。

「怎麼了寶貝？不要總哭個沒完沒了呀！」

「我……我鞋帶開了……」母親不得不在人行道上蹲下身來，給兒子繫好鞋帶。母親無意中一抬頭，竟然發現在兒子這麼高的角度，那些她原先看到的美好場景什麼都看不到，幾乎什麼都沒有。原來，那些裝飾迷人的櫥窗，絢麗的彩燈，都太高了，孩子什麼也看不到，落在眼裡的只有一雙雙粗大的腳，婦人們低矮的裙擺，男士的長褲褲腳，摩擦碰撞，走過來走過去……

這真是可怕的場景，對於一個五歲的孩子來說。母親第一次從孩子的視角看世界，她覺得非常震驚，立即起身把兒子抱了起來。

站在他人的角度看待問題，不僅僅是做一個好母親需要的，無論是誰，無論是做什麼，都需要。站在不同的位置會看到不同的風景，處於不同的立場會產生不同的觀念。換位思考不僅僅會讓你擁有更多的想法，還能讓你擁有一個好的人際關係，融洽你和他人的相處。

在日常工作當中，打交道的是形形色色的人，我們要與客戶、同事還有主管打交道，要做好工作，要處理各式各樣的問題，我們要學會換位思考。站在對方的角度思考問題，會讓對方覺得你和自己站在一邊的，或是感到你提議得中肯與真誠。而這些往往是最能打動人的，只有別人被打動，你才能幫助了別人，同時也成全了自己。

五年前，同學甲和同學乙是大學同學，畢業後一起到南部，透過應徵到了一家電腦軟體公司，負責某種辦公軟體的設計開發。坦白地說，這個公司規模很小，連老闆在內是七八個人臨時號召拼湊起來的，屬於那種是允許註冊該類公司中最小的，執照上寫得清清楚楚：註冊資金十萬元。

可是進去後才知道，連這十萬元可能都有灌水，只從當時的辦公條件就可以判斷：一間廢棄的地下室，陰暗、黴臭、潮濕，天一下雨，天花板上凝聚而成的水滴便源源不斷地往下流，電腦上都要罩著厚厚的報紙，連個廁所也沒有。

儘管環境如此惡劣，值得欣慰的是，他們的產品市場前景看起來很好，但資金的瓶頸隨時可能將美好的夢想扼殺於萌芽狀態。最要命的是，產品沒有品牌，只好寄賣，遲遲收不回貨款，資金儲備少，公司連員工的工資都無法按時發放。由此可見，這樣的公司與那些實力雄厚的公司很難競爭。三個月後，同學乙動搖了，勸同學甲也不要幹了，有的是好公司，幹嘛在一棵樹上吊死？股份？老闆連他自己都無法自保，哪裡還有股份給你？

他們之所以願意去，一是背井離鄉急於安身，二是因為老闆給股份的許諾。老闆比他們大不了幾歲，看上去完全是一副書生模樣，態度很誠懇。看到老闆每天沒日沒夜地奔波和勞碌，幾個人又不忍心開口說離開了。誰不知道創業的艱辛，老闆也是迫不得已。同學甲過生日的時候，老闆在自己的家裡為他過，親自下廚，說了很多抱歉的話，想起這些，其他幾個人也就不忍心走。他們終於咬咬牙決定留下來與老闆一起創業。幾年後，經過無數次市場風雨的打磨，他們公司的產品終於在市場上打開了銷路，獲得了成功。

將心比心，站在別人的立場上想問題。站在別人的角度設身處地，從而對對方的利害得失與困難有較爲深切的瞭解，由此再作出自己的決策，使自己的決策不僅有利於自己，也使對方容易接受，可以有效地避免自己的決策在實際運作中損害到對方的利益。

有一些工作要和客戶打交道，如果我們能夠站在客戶的角度看問題想問題，不但能夠化解一些客戶的誤解，做好客戶服務工作，更重要的是我們能瞭解到客戶的各種需要是什麼。在以後能夠優化一些工作內容，使客戶滿意，業績也會越來越出色。

在工作上，與主管相處的時候，尤其要注意靈活變通。主管能做得更出色的一個重要因素就是靈活變通，所以作爲下屬，必定要懂得在工作的時候因時制宜，在某種特殊特定環境之內，配合需求，設計出最好的可行方案。同時，在工作中多以主管的角度變通靈活地看待工作，或許你會跳出你本身位置的局限性，能夠把工作做得更出色，能夠繼續向上發展，而不是死板地混日子。

在生活中，我們要與我們的家人和諧的相處，也是需要技巧的。我們的家人，我們的孩子，以及我們另一半的親人，各種關係都要處理好。生活是一團麻，有的人把這團麻搞得亂糟糟，有的人卻能把亂麻理整齊。要想和家人相處得好，有一個關鍵就是善於換位思考，站在他人的角度看問題，那麼很多事情都會迎刃而解。特別是爲人父母，對待孩子應該學會換位思考的方法和技巧，小孩子的世界與成人的不同，從孩子的位置和角度來看待問題、分析問題，不僅僅能有效地解決問題，更爲你想事情的思路增添了一種新的可能。

尊重他人的立場與原則，學會從他人的角度看待問題，我們會發現更加新鮮有趣的世界，我們會發現一些寶貴的機遇，我們也會更好地體諒他人的處境，變得更加獨立和成熟。

夫唯不爭，故天下莫能與之爭

老子說曰：「夫唯不爭，故天下莫能與之爭。」最聰明的競爭就是避免競爭，不爭而勝。不爭不是做老好人，不是唯唯諾諾，也不是步步後退；不爭是為了雙贏和多贏，不爭是為了更和諧的關係。

生活中，很多人每天忙忙碌碌，爲了名和利，在爭，在鬥，口乾舌燥、腰酸背疼。很多「敵人」其實是他們想出來的：和自己的過去鬥，糾結於過去的經歷，懊悔、痛苦；和現實鬥，不滿現狀，總是期待著「天邊的玫瑰園」；爲了柴米油鹽家務分擔和老婆鬥，感慨「老婆是別人家的好」；爲了往上爬和同事鬥、爲了更大的市場和同行鬥、爲更大的房子鬥、和旁邊的車子搶道而鬥……他們總是那麼好爭鬥，總是認定弱肉強食的叢林法則，可是幾千年前的老子告訴我們：「夫唯不爭，故天下莫能與之爭。」在老子那個時代，社會難道不存在競爭嗎？非也，老子那個時代競爭也是非常激烈的，但老子用其「不爭」的思想，在那個社會取得了立足之地。

老子的「不爭」，並不是真正的不爭，其思想裡充滿了辯證的競爭理念。「夫唯不爭，故天下莫能與之爭」，老子這句話道出了競爭的真諦，即聖人因爲與人無爭，所以誰也不能和他相爭。老子還道「聖人之能成大，以其不爲大，故能成大」，是說聖人能夠成爲偉大，是由於他不追求偉大，因而偉大。這些都可以說明「不爭」是爭的一種智慧的選擇。

「人之道，爲而不爭」是老子從客觀規律「天之道，利而不害」中找到的競爭方法。因爲天之道，他生了萬物但不居有，哺育了萬物，但不宰，所以天道有利萬物，而不妨害它們。從這裡，老子悟出了「不爭」的道理。「不爭」就是要做對社會對人民有益的事，這樣你才能在社會長久立足；「不爭」就是要自己苦練內功，不去與他人進行魚死網破的競爭。

心的格局是一種人格的偉大。明代朱袞在《觀微子》中說過：「君子忍人所不能忍，容人所不能容，處人所不能處。」可見，無論中外，人們都喜歡歌頌這種博大的格局。

威廉・麥金萊任美國總統時，任命某人為稅務主任，但遭到許多政客的反對，他們派遣代表進謁總統，要求總統說出任那個人為稅務主任的理由。為首的是一國會議員，他身材矮小，脾氣暴躁，說話粗聲惡氣，開口就給總統一頓難堪的譏罵。如果換成別人，也許早已氣得暴跳如雷，但是麥金萊卻視若無睹，不吭一聲，任憑他罵得聲嘶力竭，然後才用極溫和的口氣說：「你現在怒氣應該可以消了吧？照理你是沒有權力這樣責罵我的，但是，現在我仍願詳細解釋給你聽。」

這幾句話把那位議員說得羞慚萬分，但是總統不等他道歉，便和顏悅色地說：「其實我也不能怪你。因為我想任何不明究竟的人，都會大怒若狂。」接著他把任命理由解釋清楚了。不等麥金萊總統解釋完，那位議員已被他的大度折服。他私下懊悔剛才不該用這樣惡劣的態度責備一位和善的總統，他滿腦子都在想自己的錯。因此，當他回去報告抗議的經過時，他只搖搖頭說：「我記不清總統的全盤解釋，但有一點可以報告，那就是——總統並沒有錯。」

無疑，在這次交鋒中，麥金萊占了上風。爲什麼他能占上風？就是因爲他的不爭，沒有針鋒相對，也因此把握住了進退的分寸。

北宋水滸英雄宋江，梁山好漢的第一把交椅歸他坐，從沒人與他爭，因爲宋江替天行道，很講義氣，義蓋雲天，待人謙讓，有一顆服務大眾的心，所以大家都心服口服。他雖文武都很一般，又沒有外表，但他贏得大眾的心。

「不爭」有一個量變到質變的過程，「不爭」不是消極的不爭，而是用智慧去爭。望大家能從「天之道，利而不害；人之道，爲而不爭」悟出競爭之本質。爭強好勝者未必掌握真理，而謙下的人，原本就把出人頭地看得很淡，更不用說一點小是小非的爭論，根本不值得稱雄。你若是有理，卻表現得謙遜，往往能顯示出一個人的胸襟之坦蕩、修養之深厚。人活一天就得盡一天責，講一天修養。只要一息尚存，修養就一刻也不能放鬆。做人是一種藝術，做人首先要有一顆博大的心，這顆心的格局要大。心的格局有多大，人生的成就才有多大。不是有「海納百川，有容乃大」這句話嗎？這句話被許多人看成自己做人的準則。

《菜根譚》裡說：「德者，事業之基，未有基不固而棟宇堅久者。」古人把「德」提到了無與倫比的高度，任何事業的基礎都是德。在中國，有德者無往而不勝，失德者寸步也難行。評價一個人，才華是次要的，德行才是最重要的標準。從子貢、白圭到胡雪岩、喬致庸，無不謹遵祖先的這一教誨，以智服人，這是小勝，以德服人，才是大勝。

牛根生的蒙牛集團，從誕生的那天起，就以平均每天幾乎超過一個乳品企業的行銷奇蹟在前進，排名迅速從第一千一百一十六位上升到第二位，成爲中國企業的一面旗幟。

他在一片荒地裡埋下一塊奠基石，在一張白紙上畫下一幅行軍圖，在一杯牛奶前許下了一個百年願，蒙牛於是而出。

牛根生是怎樣創造蒙牛速度的？他做大做強的主要祕訣，就是童年時期母親教給他的那句人生座右銘：小勝靠智，大勝靠德。

智是技巧，是你贏得一場戰役的戰術，創意，和計謀；而德，卻是一種古道熱腸、大氣磅礡的生活態度，可以幫你贏得一切。

蒙牛剛起步時，就把伊利作爲學習的榜樣。伊利是一棵大樹，蒙牛是棵小苗，就在伊利大樹的濃蔭之下。大樹下的樹苗是永遠長不高的，如何在伊利的陰影之下創建自己的名牌？而且談何容易？

牛根生認爲，伊利既是強大的競爭對手，同時也是蒙牛學習的目標。於是，一場漂亮的戰役，在他精心的策劃下打響了：「創內蒙古乳業第二品牌」的宣傳廣告傳遍了大街小巷。

人們都知道，伊利是內蒙古乳業的第一品牌，第二品牌是誰？沒人清楚。蒙牛一出世就提出創「第二品牌」，這就等於把所有的其他競爭對手都甩到了腦後。這個提法既新穎，又帶有強勁的衝擊力，一下就打開了市場，讓人牢牢記住了牛根生，記住了蒙牛。

僅有這樣的小智小謀，牛根生當然走不到現在。作爲蒙牛最大的自然人股東，他將自己不到百分之十的股份全部捐出，創立了保障蒙牛百年發展基金的「老牛專項基金」，開始了「大勝靠德」的踐行之路。

這個基金具體的操作分兩步走，第一步，在他的有生之年，將股份紅利的百分之五十一贈給基金會，百分之四十九留作個人支配，股份話語權不變。但當他卸任董事長後，表決權將留給繼任者。第二步，在他離世後，股份將全部捐給這個基金會，家人不能繼承，妻子和兒女每人只可領取不低於北京、上海和廣州三地平均工資的月生活費。

這個消息被新聞界曝光後，人們對他的大德欽佩不已。這樣的商人，又豈能不受消費者的喜愛和支持？精於智謀算計，只是小勝，而可以謀劃百年大計、以德服人者，才是大勝。牛根生在向伊利發起挑戰的過程中，十分巧妙地避開了強烈的衝突，同時又順勢上位，借助伊利的地位打響了自己的品牌，此爲智勝。他捐出財產、安排身後事的仁德之舉，又表現出了強烈的爲企業負責、爲中國商人做出表率的負責精神，此爲德勝，影響深遠。

在國外，也有很多人用這樣的方式征服了對手，征服了民眾。比如林肯。

林肯在一八六〇年的美國總統大選中勝出，當選爲總統。就任後，他任命參議員薩蒙爲財政部長。當時很多人反對這一任命，因爲薩蒙雖然能幹，卻狂妄自大，人見人厭。他也參加了總統大選，但輸給了林肯，而且這傢伙始終認爲自己比林肯要強許多，看林肯一點都不順眼。

朋友不解地問林肯到底爲何這麼做，林肯說：「我應該感謝他，正是因爲有了他的威脅，我才會更加努力地向前跑。」事後，薩蒙聽說後，對林肯不計前嫌十分感激，從而改變了對他的態度。

這就是以德勝人的威力，不管是商場、政界，還是人生的日常生活，我們只要運用得當，就能夠攻無不克。

不爭就是以德服人，將自己放在較低的姿態，無論是說話還是做事，多給別人以表現的機會。不爭是保持謙遜的態度，滿足別人想得到的，這樣才能顯示出自己的君子風度，淡化別人對你的嫉妒心理，維持和諧良好的人際關係。

該說「不」的時候別嘴軟

行走社會，你會不斷面臨各種請求、要求和命令，凡此種種接受要遠比拒絕更為容易，但若僅僅為一時的心軟、膽怯或者面子問題等就有求必應，則可能導致無窮的後患。因為你可能力不從心也可能支付不起昂貴的代價。

擁有良好的人際關係，在人際交往中如魚得水是每個人都希望的，但良好的人際關係不是單靠有求必應就能夠做到。有時候，你還需要學會拒絕。

喜劇大師卓別林曾說：「學會說『不』吧！那麼，你的生活將會美好得多。」確實如此，想做個有求必應的好好人並不容易，因爲人們的要求永無止境，而且往往是合理的與悖理的並存，如果不會說「不」，輕易承諾了自己無法履行的職責，久而久之就會使你在他人的心中的形象一落千丈。

遺憾的是，有的人總是心軟的，在現實生活中，常常有些人不會拒絕別人的要求，不管對方要求他什麼事情，他都會好心地答應下來。但這些要求已經超過了他的能力範圍，或者是他不情願去做的，卻因爲心軟，擔心傷感情，使得自己倍加爲難。

週六晚上，李菲菲又在晚飯後向丈夫抱怨，說女兒的鋼琴課就要考試了，已經安排好週六陪她去音樂學院排練一下，下午還得陪朋友挑選婚紗，晚上有妹妹給老公搞生日派對，她也答應過去幫廚，自己真是累死了。

丈夫聽著聽著，就幸災樂禍地說：「誰讓你瞎逞能，也不考慮一下就應下一大堆事？」李菲菲哀怨地回答丈夫說：「沒辦法呀，既然大家開了口，我怎麼好意思拒絕呢？」

丈夫太明白李菲菲了，她總是那樣，放不開面子，讓她說一個「不」字真是比登天還要難。別人一開口，她就怕惹別人不高興，即使是不情願也會答應下來，最後總是弄得自己疲憊不堪。後來，丈夫看她實在可憐，就幫她給朋友和妹妹打電話說明天她走不開，要陪孩子練鋼琴，不能陪她們挑婚紗和幫廚了。

生活中，有很多像李菲菲的女人常常被迫做著自己不應該做、不願意做的事，讓自己的內心中充滿了煩躁和沮喪，甚至影響了自己的人際關係。

要知道，你有權利說「不」。你不必因爲對人拒絕了一件事而感到不好意思，所以當你面臨如此情境時請你一定要審時度勢，該說「不」時就說「不」。「拒絕」的重要性在於：第一「拒絕」是一種「量力」的表現，第二「拒絕」是保障自己行事優先次序的最有效手段。倘若因勉強接受他人的要求而擾亂自己的步伐，結果將無異於根據他人的行事優先次序而生活，或是根據他人的節奏辦事。長此以往你將無法保持一個完整的自我。

其實，幸福的一些標準就是做自己喜歡做和願意做的事情，幫力所能及的忙，賺快樂的錢，過開心的日子，否則就會嚴重地影響自己的美麗與健康。所以，我們一定要掌握拒絕的藝術，對於那些超出了自己能力的要求，要能夠巧妙得體地拒絕。

馬樂樂是個獨立性很強的女孩子，大學畢業後就獨自到外地去打工。一天，一個家鄉的朋友突然打電話給她，說有一個朋友濤要到馬樂樂所在的城市去旅遊，希望他們閒暇時能夠多聯繫一下，互相照顧，也讓馬樂樂給濤當一下導遊。

濤家境優越，幾年前就畢業了，至今一直無所事事，便打算到外地去散散心。無奈對要去的城市不熟悉，這才托親戚找上了馬樂樂。馬樂樂得知後，立即拒絕了朋友的建議。她首先感謝了這位朋友的熱心，然後說自己並不想認識濤。馬樂樂說，人要自強自立，無論在哪裡都要這樣做，不能依靠誰的照顧，而要靠自己的努力。而且，她說自己有志同道合的朋友圈子，不想和陌生人沒話找話說。

馬樂樂的拒絕很堅決果斷，但也很真誠。朋友聽了沒有一點不快，反而誇馬樂樂坦誠，值得相信。

助人固然可以帶來快樂，但那是在自己能力範圍之內，若超出了你的能力範圍，助人就不再是快樂的，而是一種沉重的負擔，所以，不要想做個有求必應的人。而拒絕也並不都等於無情無義，更不是一意孤行的行爲，只要拒絕得巧妙，拒絕甚至能夠成爲彰顯人格與個性的完美工具。

需要注意的是，拒絕要根據對方的性格，採用相應的方式。對於喜歡你直截了當地告訴他拒絕理由的人，你就不妨直言相告；對於比較敏感的人，你不妨含蓄委婉地拒絕。同時，拒絕的語言也要溫和而堅持，即使你不願意去做也不能撕破臉皮。

我們時常覺得自己剛踏入社會，所以不希望得罪人，對於周圍人的要求也儘量滿足，儘管有時會覺得心有餘而力不足，或者說我們明知道他人的要求會影響到我們的工作和生活，卻因爲不想得罪人，而強迫自己努力去做。你認爲這樣可以得到別人的好感，然而，其實並不是每件事情我們都有能力去做，而且那些不顧我們的感受和利益的人，他也並不是懂得感恩的人，也不會真心感激你，把你當朋友。重點是我們必須有自己的觀點，如果我們沒有自己的觀點，不懂得保持自我、愛護自我，那麼我們在別人心裡也會變得微不足道。

你爲什麼打心眼裡希望能夠拒絕別人呢？本質上來看，如果你不拒絕那人的要求的話，你將必然因此花費以下幾樣東西的至少其中之一：時間、金錢、精力。當然，更多的時候還伴隨著一種情緒：不爽。反過來，你又爲什麼多少有些害怕拒絕別人呢？本質上來看，你害怕會因此被拋棄——很多人最怕別人評價他「你這個人真自私」或者「你太不夠意思」。

如果，你希望能夠擺脫這種困境，首先自己就要做一個獨立的人。一個人越獨立，必須向別人求助的情況就越少。獨立的意思並不是說要做到全能或者萬能，而是真正瞭解自己究竟有什麼、沒什麼；會什麼、不會什麼；要什麼；什麼是你的，什麼不是你的；什麼是你能夠透過自己的努力獲得的，什麼是你即便努力也不可能獲得的……

簡言之，每個人都有一個自己的能力範圍，一定要自己想辦法界定清楚。有些人可能會過分低估自己的能力範圍，那樣他可能會吃虧，於是總是覺得自己必須向他人求助；另外一些人可能會過分高估自己的能力範圍，所以總是不自覺地透過向別人求助來滿足他的需求。所以，正確界定自己的能力範圍很重要。

因此，我們不能夠讓自己變得太沒有個性。在必要的時候，我們必須得學會說「不」，不要覺得不好意思，別人可以向我們提出要求，我們也有拒絕的權利。但是，我們要注意一點，當我們拒絕那些不合理的要求時，不僅要有勇氣，更要有智慧。

拒絕是一種藝術如果處理不當是一件尷尬難堪的事情。輕則導致雙方很不愉快，重則關係破裂，所以拒絕要講究方式。所以，我們應學會運用聰穎和智慧，巧妙地使用拒絕的話語，以堅持自己的意志，擺脫不利的局面，同時也能維持雙方的關係。

一、要虛心傾聽請求者的要求。

二、如果你無法當場決定接納或拒絕請求，則要明白地告訴請求者你仍要考慮時間到底有多長。

三、拒絕接納請求應顯示你對請求者之請求已給予慎重的考慮，並顯示你已充分瞭解到請求者的重要性。

四、拒絕接納請求在表情上應和顏悅色。

五、拒絕接納請求者應顯露堅定的態度。

六、拒絕接納請求者最好能對請求者指出拒絕的理由。

七、要令請求者瞭解你所拒絕的是他的請求，而不是他本身。

八、拒絕接納請求後，如有可能你應為請求者提供處理其請求事項的其他可行途徑。

九、切忌透過第三者拒絕某一個人之請求，因為一旦這麼做，不僅足以顯示你的懦弱，而且在請求者心目中會認為你不夠誠意。

十、保持簡單回應。如果你要拒絕，堅決而直接。使用短語，如：「感謝你看得起我，但現在不方便」或「對不起，我不能幫忙」。嘗試用你的身體語言強調，不需過分道歉。記住，你不需允許才能拒絕。

區分拒絕與排斥。記得你是拒絕請求，而不是排斥一個人。通常人們都會明白，你有拒絕的權利，就像是他們有權利要求幫助。做回你自己。要明確和坦白什麼是你真正想要的。更好地認識自己，找出什麼是你在生活必需的。

無論你使用什麼技巧拒絕對方，都要有發自內心的耐性與關懷，這樣對方才能真正地理解你的難處。更重要的是，在你拒絕對方以後，千萬不要忘了溫柔誠懇地說聲：「真的很抱歉。」

做人別太圓滑，不要一味討好別人

討好每一個人，等於得罪每一個人，刻意去討好別人只會使別人發生厭惡，親近別人要自然，投機心態要轉變，有時光討好，不如踏踏實實做事，討好別人總是靠不住，本身盡力才實實在在。

做人不必太圓滑，人要活著就要揮灑出自我的個性來，依自己的方式確定自己的人生目標，保持獨立的人格。與人相處，討好和隱忍是需要有的，但凡事都有底線，否則會適得其反。一味地討好並不見得能得到我們希望的和諧，凡事要按行爲準則和做人原則去把握，重要的是要珍愛自己。太過討好別人，只會忽略了自己，更容易被別人忽視。所以，處處討好不一定是一件好事，有時候討好得太多會讓你承受不必要的委屈和痛苦。

有時候，爲了更融洽的人際關係，很多圓滑之人會一味去討好別人，儘管自己心中滿是委屈。當他們積極地掌握自己的情緒，甚至產生主宰資源、操控別人的意圖，以爲這樣就可以達到自己想要的目的，可是到頭來才發現自己其實很不開心。

莉莉小的時候爸媽長年在外做生意，她是由奶奶和爺爺帶大的。莉莉很聰明，遺憾的是，她一直跟著兩位老人家生活，生活圈子過於狹窄，身邊也沒什麼朋友，因此她一直不善於和其他人交往。

高中畢業，莉莉很順利地進入了自己夢想中的一所知名大學。想到自己要與這麼多陌生的人接觸，莉莉不禁有點兒擔憂。

其實，莉莉很想融入團體，但她不知道怎麼去做，尤其當她發現大家很快都熟了，更覺得自己被孤立在團體之外了，因而希望別人也能很快接受她。

在路上，她會刻意要求自己與每一位熟悉、不熟悉的同學打招呼，如果別人沒注意到或顯得有一點不熱情，她就會感到自尊心受到了傷害。

為了表現自己的「好」，她不准自己不喜歡別人，如果發現自己不喜歡某個同學，她就挖空心思想這個同學的好處，力圖讓自己喜歡上對方。

莉莉自欺欺人地認為，只要自己心裡喜歡對方，對方也一定會喜歡自己。別人有什麼事情，她都盡可能地幫忙，有時甚至耽誤了自己的事。就這樣，莉莉對周圍的一切都很敏感，總是覺得緊張，學習也很難靜下心來，覺得生活沒意思。

處事圓滑的莉莉爲了討好別人，失去了自己的生活，實在得不償失。人，首先應該爲自己活著，才談得上與別人相融合，只有把生活重心從「討好別人」那裡，轉移到自己身上來才是正常的生活狀態。

其實莉莉只要找回真實的自我，清醒地面對自我，然後找到自己與別人交往中的缺失，儘量修正並彌補這種缺失，順其自然，慢慢的，自然會融入集體。

如果你變成一個完全活在世故裡的人，刻意地討好別人，那就是走極端了。一味地討好並不見得能得到你原本希望的和諧，凡事要按行爲準則和做人原則去把握。一味討好別人的時候，就很容易失去自己。

當我們花太多時間去迎合別人、取悅別人，潛藏的動機無非是借此獲取更多的好處和保障。可是就算我們最終得到一切，卻失去自己，又有什麼意義？所以，不論對待情人、同事、朋友，還是陌生人，付出感情或心力之前，都要先斟酌一下，到底是心甘情願去做的？還是被迫強迫的？日後想起來會不會後悔？想清楚了，再行動，只有自己真心樂意，別人才能受之無愧。如果發現自己並非出自真心，能付出的很有限，也不必強己所難，就算落個自私自利的罵名也無所謂，總比讓自己血本無歸強得多。人生苦短，何必費力討好別人，唯獨沒有勉強，事後才不會後悔。

楊強大學畢業的時候，被分配到一家公司上班。半年後，公司來了一位頂頭上司，楊強沒有討好她，和她保持同事關係。可是這一年裡，楊強卻一直被刁難，每月的考核都要被扣掉，科室裡評優更是輪不到他。有時被一些老闆或同事誤會了，作為上司她明明知道楊強是冤枉的卻眼睜睜地當沒看見。一年難得有一次外出鍛鍊的機會，公司本來是留給楊強的，可是這上司卻安排給了一位剛到公司不久的新人。楊強覺得很壓抑，兩年後，他通過考試，考上了一家行政單位。

楊強明白了一個道理：人際關係有時比工作業績還重要。所以，在新的單位他非常注重與同事、主管的關係，盡一切努力想把所有同事都變成朋友，並搞好和主管的關係。

在新單位裡，他對同事非常熱情，經常主動攀談，噓寒問暖。遇到需要跑腿和累活，他也會「主動請纓」。時間一長，同事們都覺得他好使喚，不管遇到什麼事都交給楊強去做。楊強很慶幸自己成了同事的好朋友，就更努力巴結、討好他人，經常把自己弄得很卑微。

同時，楊強也不忘記拍上老闆的馬屁。一次無意的閒聊中，聽說分管自己部門的老闆喜好打牌，於是尋找機會，透過打牌輸錢跟老闆搞好關係，每次玩牌的時候，楊強總是「有備而來」，全讓老闆一個人贏了。後來，發展到每週都會主動找老闆玩一次牌。到了後來，梭哈、吹牛、麻將，楊強樣樣都學會了。除了迎合老闆學會賭後，楊強過年過節總不忘「孝敬」老闆。八年過去了，楊強終於「混」到科長的位置了，可是他發現自己活得很累很折磨。

將近四十歲的楊強，事業正是巔峰時期。可是誰也沒想到，楊強放著主管不當，突然離開了上班八年的單位，辭職在家，把自己「閒置」起來。楊強感覺自己身心俱疲，嘗試著自我調節，可是始終走不出困擾多年的心理問題。

楊強的經歷有一定的代表性，很多新職員都擔心自己難以融入一個新的環境，於是，有些人會刻意追求一個好的人際關係，乃至在這種追求中失去自我。楊強在第一個公司中遭遇不公平待遇時，生存受到威脅。於是進入下一個單位時他開始用「討好」讓自己獲得安全。但是，很多人也會因常常要委曲求全，而讓自身感到筋疲力盡。

實際上，如果一味討好別人，不但自己很累，也會讓自己、對方和家人都受到影響，首先，討好的實質是讓自己處於一個卑微的地位去迎合對方，這壓抑了自己的人格、放棄自己的權利、違背了自己真實的願望。討好後，雖然會換來一些讚美和感謝，但這種快樂取決於他人對自己的看法，自己並不能把握它，因此實際上內心也並不快樂。其次，討好他人的出發點是想獲得對方的讚賞，但是也許對方不但不領情，反而會輕視、看不起這種行爲，結果就會適得其反，甚至讓別人厭惡。最後，討好他人往往會忽略家人的感受，家人會覺得自己還不如一個「外人」，這會影響家庭和睦。

對於他人，我們提倡處事和善，但不要太圓滑。我們應該在該付出的時候付出，但不必傾其所有；在該合作的時候合作，但不必無條件地讓步；在該拒絕的時候要溫柔地堅持，而不必委曲求全；在對自己有要求的時候去盡力，而不強自己所難。

以出世的心做入世的事

我們應以出世之心低調做人，不事張揚，謙卑忍讓，淡泊名利，保持平常心；應以入世之心高調做事，積極進取，追求卓越，保持上進心，贏取人生所需。以出世之心低調做人，以入世之心高調做事，為做人做事之最高境界。

「出世」與「入世」是兩種不同的學理支配下的文人處世行爲方式，前者是道家的，後者是儒家的。「出世」和「入世」在處理人及事的方式上正好趨向兩極。出世講急流勇退，退一步海闊天空，做人低調，心態平常，有平民意識，關注弱勢，不欺隱，不虛僞，順其自然，不多非分欲望，按照本來的樣子生活，做樂意做的事。入世講的更多的是為生命個體提供一套入世、治世之術的話，即激勵人積極爭進奮鬥的學術。

《莊子・人間世》中有這樣一段話：「且夫乘物以遊心，託不得已以養中，至矣。何作為報也？莫若為致命，此其難者。」這段話的意思是說：至於順應自然而使心自在遨遊，一切都寄託於不得已中來蓄養心中的景氣，這是最好的辦法。

對莊子的這句話，南懷瑾先生講解道：「一個真正有道德的人，在物質的世界當中，『乘物以遊心』，抱著一種超然物外，遊戲人間的心理看待人生，即『以出世的心做人世的事』。遊戲人間不是玩世不恭，而是讓自己的心境輕鬆，守住做人的本分，從俗事中解脫，不被物質所累。」

「以出世之精神，做入世之事業」，這是朱光潛先生對弘一法師的評價，也是對莊子這段話的最佳詮釋。

「入世」與「出世」作為兩種實現自己人生價值的方式，看似截然不同，實則相互補充，融於一體，最好的法門就是「以出世的心態做入世的事情」。「菩提本無樹，明鏡亦非台，本來無一物，何處惹塵埃」。我們的心情爲什麼被惹得如此煩躁？只怨我們沒能做到以出世的心態做入世的事情，因此在得失面前始終是拿不起、放不下。我們須當覺悟！像《瀟灑走一回》唱的那樣：「紅塵呀滾滾，癡癡呀情深，聚散終有時，留一半清醒，留一半醉……」。說白了，就是在提高自己的生活品質、幸福指數的同時，顯示出有益而無害於他人的生命精神。

「以出世的心態做入世的事情」，實際上和冰心老人家的那副祖傳聯語「有爲弗有爲，知足不知足」說的人生哲理是相似的。有所爲有所不爲，有所知足有所不知足，這是所有人的合乎情理又百般無奈的生存狀態。人生在世，要做的和想做的事情很多，可是，人的精力和時間又十分有限，只能在生活、術業的截取、捨得中作出有截有取、有捨有得的選擇，這種選擇往往不是人生路徑事先預設好的，而是帶有很大的偶然性。當下，像我們這些年齡已在天命路上行走的人，或年齡更大些在國家誕生前後出生的人，成長經歷走上了書法的路，大多數是偶然的，不經意的。

而且有一種現象，有若「六一居士」說的那樣，在壯年的時候，拋卻了其他的嗜好，一意於書法作孤詣，好而知，知而能，能而專。

生活中，人們總是牽掛得太多，太在意得失，所以情緒起伏。被負面人性牽著鼻子走的人，不可能活出灑脫的境界。愛默生曾解釋過什麼是成功：「笑口常開；贏得智者的尊重和孩子的熱愛；獲得評論家真誠的讚賞，並容忍假朋友的出賣；欣賞美的事物，發掘別人的優點；留給世界一些美好，無論是一位健康的孩子，一個小園地或一個獲得改善的社會現狀都可以；知道至少一人因你的存在而過得更快樂自在，這就是成功。」以出世的心做入世的事，不讓世俗功利蒙蔽你的心靈，淡然面對得失，坦然接受成敗，才能超脫物我，找到生命的真諦。

其實，俗人有俗人的生活目的，道人悟道人的生命情調。以道家來講，人生是沒有目的的，也就是佛家所說「隨緣而遇」，以及儒家所說「隨遇而安」。不過道家更進一步講了該如何隨緣，那就是堅持個性且不受任何限制。

唐朝李泌睿智的處世態度充分顯現了一位政治家的高超智慧。該仕則仕，該隱則隱，無爲之爲，無可無不可。

李泌一生中多次因各種原因離開朝廷這個權力中心。玄宗天寶年間，當時隱居南嶽嵩山的李泌上書玄宗，議論時政，頗受重視，遭到楊國忠的嫉恨，譭謗李泌以《感遇詩》諷喻朝政，李泌被送往蘄春郡安置，他索性潛遁名山，以習隱自適。

唐肅宗靈武即位後，李泌便一直留在肅宗身邊出謀劃策，雖未身擔要職，卻「權逾宰相」，招來了權臣崔圓、宦官李輔國的猜忌。郭子儀收復京師後，天下大局已定，李泌為了躲避再次遭受陷害的禍患，自動功成身退，進衡山修道。等到唐代宗即位，又強行將李泌召至京師，任命他為翰林學士，使其破戒入俗。李泌順其自然應了皇上的意願，然而當時的權相元載又將他視作朝中潛在威脅，尋找罪名再次將李泌逐出朝廷。

不久，元載被殺，李泌又被召回，卻再次受到重臣常衮的排斥，遂又離京。到了建中年間，涇原兵變，身處危難的德宗皇帝又把李泌召至身邊出謀劃策。

每當社稷需要他時，李泌義不容辭受命於危難之際，將走馬上任視爲理所當然；國難平定後，李泌又能毫不留戀地全身而退，幾步毫不拖泥，也不戀戀凡塵。可以說，李泌已達到了順應外物、無我無己的境界。

李泌能夠歷經四代皇帝，一生屹立不倒，很大原因就在於他恰當的處世方法和豁達的心態。在戰亂頻發發，朝廷內外傾軋混亂的年代，若要明哲保身，必須避免捲入爭權奪利的鬥爭之中。李泌無視名利，謙退處世的態度，正是他的處世要訣。

許多人都希望自己的生活中，只有樂沒有苦，只有順境沒有逆境，可是這是不現實的。生活中，能爭取則爭取，爭取不到也別去強求，我們唯有順其自然，一切隨緣，才能在出世中入世。

有個匪徒跟蹤一個珠寶商人來到了一座山裡，一路上他總是沒有機會下手。到了山裡，四周沒有一個人，匪徒終於找到了下手的好機會，他攔住了珠寶商人的去路。面對劫匪，商人第一個反應就是立即逃跑。於是，一個拼命逃亡，另一個窮追不捨。走投無路的商人鑽進了一個山洞裡，匪徒也跟了進去。在山洞裡，匪徒抓住了商人，不但搶了他的珠寶，連商人準備在夜間照明用的火把也搶去了。那個匪徒還算沒有喪心病狂，他只圖財沒有害命。

之後，兩個人各自尋找山洞的出口。山洞裡黑極了，沒有一絲光亮。匪徒慶幸自己把商人的火把搶來了，要不然到死也走不出這個縱橫交錯的山洞。他將火把點燃，借著火把的亮光在洞中行走。火把為他的行走帶來了方便，他能看清腳下的石塊，能看清周圍的石壁，因而他不會碰壁，不會被石塊絆倒。但是他始終沒有走出這個山洞，最後餓死在裡面。

商人失去了火把，心想著自己將要永遠留在這個山洞裡了，但是他又不甘心。沒有了照明，他就在黑暗中摸索著前進，頭不時碰在堅硬的石壁上，身體不時被石塊絆倒，跌得鼻青臉腫。但是，過了一段時間，他看到從遠處傳來一絲光亮，那正是山洞的出口。正是因為他置身於一片黑暗之中，所以能看見那一抹細微的光亮。他便迎著那縷微光摸索爬行，最終逃離了山洞。

在黑暗中摸索的人最終走出了黑暗，有火把照明的人卻永遠留在了黑暗的山洞中，這並不奇怪，世間有很多事情都遵循這樣的道理。我們總想得到什麼，而不願失去，卻總是忘記，有時失去會讓我們得到更多想得到的東西，包括生命。

有時候，人們就像那個匪徒，爲了心中的妄念，做出違背自我的事情，因爲手中擁有的東西比別人多，最終反而陷入人生的困境。以出世之精神，做入世之事業，以恬淡的心境面對萬事萬物，反而能夠「無心插柳柳成蔭」。

佛說：「出世在度己，入世在度人。」入世，就是把現實生活中的恩怨、情欲、得失、利害、成敗、對錯等作為做人做事的基本準則。如果一個人入世太深，久而久之，往往會陷入煩瑣的生活末節之中，把實際利益看得過重，注重現實，難以超脫出來冷靜全面地看問題，也就難有什麼大作為。這時就需要有點兒出世的精神。出世，就是尊重生命，尊重客觀規律，既要全力以赴，又要順其自然，以平和的心態對人，以不苛求完美的心態對事。站得高一點，看得遠一點，對有些東西看得淡一些，這樣才能排除私心雜念。以這種出世之心去做入世的事，就會事半功倍。

學會尊重他人才是真正的成熟

學會尊重每一個人，無論其身份和工作多麼卑微，我們都應尊重他，這是我們應該具備的個性與品質。要知道敬人者人恆敬之。尊重沒有高低貴賤之分，而且尊重別人就是在尊重自己。

尊重是指敬重，重視。人的內心裡都渴望得到他人的尊重，但只有尊重他人才能贏得他人的尊重。尊重他人是一種美德，也是一種內在的修養，建立良好的社交關係的基石。在談話中，給予對方充分的尊重，往往能讓對方感受到更大的誠意，進而讓自己有更多的表達欲，表現欲。

現實生活中，有的人常常有意無意做出不尊重他人的行爲。比如說，看到別人的工作，表現出不耐煩，不尊重他人的勞動成功等。

與人交談時，我們尤其要注意避免不尊重對方的事情。只顧自己侃侃而談，不給對方插話機會；在聽別人傾吐心事時，東張西望，左顧右盼，心不在焉；對誠懇批評自己的人耿耿於懷，做出不文明不符合身份的舉動，讓對方感到難堪，等等。這些都是交談中不尊重他人的表現。

要想避免這些問題，其實只需要學會換位思考就可以了。當自己在說話時，對方也是這種反應，自然讓人氣憤。

從心理學的角度看，人都有友愛和受人尊重的心理要求。人人都渴望平等，成為家庭和社會中真正的一員。任何人都想在談話中，感受到對方的誠意，感到自身的價值。任何抬高和貶低自己的語言和行為，都不利於溝通的持續進行，也不利於建立和諧的人際關係。

蕭伯納是愛爾蘭著名的戲劇家、諾貝爾文學獎獲得者。一次他去蘇聯訪問。他來到了莫斯科，當他在街頭散步時，見到一個非常可愛的小女孩。蕭伯納和這個小女孩兒玩了很久，在分手時，他對小女孩說，妳回去可以告訴妳媽媽，妳今天和偉大的蕭伯納一起玩了。

在蕭伯納的眼裡，自己無疑是偉大的，肯定可以讓小女孩的母親感到榮幸。然而，小女孩兒也學著蕭伯納的口氣說，回去告訴你的媽媽，你今天和蘇聯女孩安妮娜一起玩了。

小女孩的回應讓蕭伯納很吃驚。作為一個作家，他立刻意識到了自己的傲慢，並向小女孩道歉。

後來，蕭伯納每次回想起這件事，都感慨萬千。他說：「一個人無論有多麼大的成就，對任何人都應該平等相待，應該永遠謙虛。」

正如蕭伯納所說，人應該是平等的。當你用誠摯的心靈使對方在情感上感到溫暖、愉悅，在精神上得到充實和滿足，你就會體驗到一種美好、和諧的人際關係，你就會擁有許多的朋友，並獲得最終的成功。

卡內基曾經說過：「你見到的每個人都覺得自己在某個方面比你高明，因此通向他心靈的可靠途徑就是用微妙的方式讓他感到你承認它是重要的，而且要誠心誠意的尊重他。」我們在與人交談中更要表現出這種尊重。

在跟他人的交談中，我們待人的態度也決定了別人對我們的態度。當一個人站在鏡子前，微笑，鏡子裡的人也笑；你皺眉，鏡子裡的人也皺眉；你對著鏡子大喊大叫，鏡子裡的人也對著你大喊大叫。所以，我們要獲取他人的好感和尊重，首先必須尊重他人。任何人的心底都有獲得尊重的渴望，受到尊重的人會變得寬容、友好、容易溝通。

維多利亞女王和阿爾倍托結婚多年來，夫妻二人感情和諧，但是也有不愉快的時候，原因就在於妻子是女王的緣故。

有一天晚上，皇宮舉行盛大宴會，女王忙於接見貴族王公，卻把她的丈夫冷落在一邊，阿爾倍托很是生氣，就悄悄回到臥室。不久，聽到有人敲門，房間裡的阿爾倍托很冷靜地問：

「誰？」

敲門的人昂然答道：「我是女王。」

門竟然沒有開，房間裡一點動靜都沒有。

敲門人悻悻地離開了，但她走了一半，又回過頭，再去敲門。房內又問，「誰？」

敲門的人和氣地說，「維多利亞。」

可是，門依然緊閉。

維多利亞沮喪地站了一會兒，突然意識到了什麼，於是又重新敲門。裡面仍然冷靜地問，「誰？」

敲門的人這次委屈又溫和地說：「親愛的，我是你的妻子。」

這一次，門開了。

尊重和權力是對立的，我們需要的是尊重而不是權力。如果你在工作中擔任經理或局長之類的職務，就會習慣於對下屬發號施令，讓他們做這做那，但你要記住千萬不要把工作中的權力帶回家庭，否則你的家庭將會危機重重。就算你是女王，回到家裡你也只是他的妻子。

學會尊重別人才是真正的成熟，因爲尊重他人其實就是尊重自己，善待他人其實就是善待你自己。其實，尊重是相互的，人與人也都是平等的，不存在什麼高低貴賤，沒有誰註定會比誰低人一頭。人有七情六欲；會高興也必定會憂鬱、會不快樂、會煩躁，我們在自己高興得意時或許很容易做到對他人微笑、善待朋友親人，尊重所有身邊的人，但如果我們正處於人生低潮期又碰到不順心的事時，我們又會如何對待身邊的人呢？我們還會牢記「互相尊重，善待他人」的準則嗎？

在這個世界上，誰都需要感情的理解、精神的安慰、生活的照顧、行爲的支持。苦惱的時候，我們希望別人能接受自己的傾訴；成功的時候，我們希望別人能讚賞自己的成績；危難的時候，我們希望別人能伸出援助之手；困惑的時候，我們希望別人能予以指點……所以，我們要以開朗豁達的心境、熱情友好的態度，去尊重他人，理解他人，關愛他人，善待他人。

不要一味地指責別人的自私和冷漠，你要明白，友誼需要以忠誠去播種，用熱情去澆灌，用寬容去培育，用理解去呵護。你要知道，朋友有困難時，要熱情幫助，當你患難時，才得到朋友的幫助。你只有善待他人、尊重他人才能使自己融入人群，獲得友誼、信任、諒解和支持；你只有善待他人、尊重他人才能調整失衡的心態，解脫孤獨的靈魂，走出無助的困境；你只有善待他人、尊重他人才能在人生的道路上，擁有充滿快樂的感覺，踏入充滿機遇的境界，走向充滿希望的未來。

人都有友愛和受尊敬的欲望，並且交友和受尊重的希望都非常強烈。在交談中，學會平等地同他人進行溝通就顯得無比重要。如果我們能以平等的姿態與人溝通，就能讓對方感受到我們的誠意，感受到自己被尊重，進而對你產生好感。相反的，如果一個人自覺高人一等，居高臨下自然會有一種盛氣凌人的氣勢，也難以與人溝通，對方會因此而感到受到了傷害並拒絕交談，甚至往來。

無論是誰，都渴望獲得尊重，希望人格與自身價值被承認，這也是人類共同的特質。同樣，尊重一個人就是尊重全世界。當你懂得尊重別人的時候，你就完成了從個性到成熟的蛻變。

開放的時代，人生也需要開放

開放的人生來源於開放的思想，開放的思想來源於開放的眼界，開放的眼界來源於開放的行動，開放的行動來源於開放的知識。我們生活在一個開放的國度裡，因而不能鑽在自己的小盒子裡，而是要以開放的胸襟，用開放的思維，用開放的勇氣，用開放的行動，一起建設一個不斷開放、不斷進步的人生。

「開放」是當今時代最重要的關鍵字之一，未來「開放」還將是我們社會的主旋律。「同一個世界，同一個夢想」，整個世界都意識到這是一個以開放爲主流趨勢的全球化時代，都努力張開雙臂去擁抱這個開放的世界。

在當今包括普通百姓在內，正在潛移默化地生長著一種與全方位對外開放相適應的時代意識和世界理念，我們越來越習慣用時代發展的要求審視自己，改革和完善自己。我們的視野不僅覆蓋國內，甚至早就投向了全世界，成千上萬的留學生和人才乘改革開放之船勇敢地跨出家門，飛越海洋，走向世界。職場上，白領不斷提高自我，展示才能，爲自己爲家庭爲社會創造更多的財富。這樣一種精神風貌和價值追求，深刻地展示了社會經濟正在沿著和平發展之路走向繁榮富強。

由於開放的深入和發展，它已經成爲遍及整個社會的共識與現實，我們要在整體上呈現自由、民主、多元、和諧的形象，就必須走上開放之路。另外，我們要想與時代齊頭並進，乃至超前地去掌控時代去引領時代，我們就必須走向人生改革之路，踐行開放式的人生。我們說心就像一個人的翅膀，心有多大，世界就有多大。但如果不能打碎心中的四壁，你的翅膀就舒展不開，即使給你一片大海，你也找不到自由的感覺。

有一條魚在很小的時候被捕上了岸，漁人看牠太小，而且很美麗，便把牠當成禮物送給了女兒。小女孩把牠放在一個魚缸裡養了起來，每天這條魚游來游去總會碰到魚缸的內壁，心裡便有一種不愉快的感覺。

後來魚越長越大，在魚缸裡轉身都困難了，女孩便給牠換了更大的魚缸，牠又可以游來游去了。可是每次碰到魚缸的內壁，牠暢快的心情便會暗淡下來，牠有些討厭這種原地轉圈的生活了，索性靜靜地懸浮在水中，不游也不動，甚至連食物也不怎麼吃了。女孩看牠很可憐，便把牠放回了大海。

牠在海中不停地游著，心中卻一直快樂不起來。一天牠遇見了另一條魚，那條魚問牠：「你看起來好像悶悶不樂啊！」牠歎了口氣說：「啊，這個魚缸太大了，我怎麼也游不到它的邊！」

我們是不是就像那條魚呢？在魚缸中待久了，心也變得像魚缸一樣小了，不敢有所突破。即使有一天，到了一個更爲廣闊的空間，已變得狹小的心反倒無所適從了。

打開自己，需要開放自己的胸懷。開放，是一種心態、一種個性、一種氣度、一種修養；是能正確地對待自己、他人、社會和周圍的一切；是對自己的專業和周圍的世界都懷有強烈的興趣，喜歡鑽研和探索；是熱愛創新，不墨守成規，不故步自封、不固執僵化；是樂於和別人分享快樂，並能撫慰別人的痛苦與哀傷；是謙虛，承認自己的不足，並能樂觀地接受他人的意見，而且非常喜歡和別人交流；是樂於承擔責任和接受挑戰；是具有極強的適應性，樂意接受新的思想和新的經驗，能夠迅速適應新的環境；是堅強的心胸，敢於面對任何的否定和挫折，不畏懼失敗。

不打開自己，一個人就不可能學會新東西，更不可能進步和成長。開放的胸懷，是學習的前提，是溝通的基礎，是提升自我的起點。在一個組織裡，最成功的人就是擁有開放胸懷的人，他們進步最快，人緣最好，也容易獲得成功的機會。

具有開闊胸懷的人，會主動聽取別人的意見，改進自己的工作。比爾・蓋茲經常對公司的員工說：「客戶的批評比賺錢更重要。從客戶的批評中，我們可以更好地汲取失敗的教訓，將它轉化爲成功的動力。」比爾・蓋茲本人就是一個心態非常開放的人，他鼓勵公司裡每個人暢所欲言，當別人和他有不同意見時，他會很虛心地去聽。每次公開演講後，他都會問同事哪裡講得好，哪裡講得不好，下次應該怎樣改進。這就是世界首富的作風，也是他之所以能成爲首富的潛質。

開放的心自由自在，可以飛得又高又遠；而封閉的心像一池死水，永遠沒有機會進步。如果你的心過於封閉，不能接納別人的建議，就等於鎖上一扇門，禁錮了你的心靈。要知道褊狹就像一把利刃，會切斷許多機會及溝通的管道。

找到自己最需要的東西

生活中，人們常常給自己增添很多無形的包袱：曾經發生過的痛苦的和悲傷的往事；明天還沒有到來，明天無法預料的準備……我們總是在準備，就是用這樣的鎖鏈鎖住了幸福，給自己的生命增添了太多的負擔。這時候，我們需要整理清楚，找出自己最需要的東西，捨棄那些不需要地東西。

在人生路上，每個人不都是在不斷地累積東西，這些東西包括名譽、地位、財寶、親情、人際關係、健康、知識等；另外，當然也包括煩惱、苦悶、挫折、沮喪、壓力等。這些東西，有的早該丟棄而未丟棄，有的則是早該儲存而未儲存。

當一個人爲了追求金錢而不惜一切的時候，也就等於把自己的生命賭給了金錢，自己也就變成了金錢的奴僕，得不到的時候爲得不到而憂愁，得到了又因爲擔心失去而焦慮。他把堅持多年的晨練和傍晚散步的習慣丟掉了，因爲時間就是金錢了，不能把寶貴的時間浪費在散步上；他與妻子兒女在一起的時間越來越少了，因爲他有他認爲更重要的事情要做；在家裡待一個晚上不會有任何效益，而他出去一個晚上，一筆大生意可能就成了。

一個人的生活每增加一分奢侈，就是給自己套上了一個枷鎖，自己也就失去了一分自由。一個人從簡樸走向奢侈的過程，就是自由逐漸失去，也就是自己從自由走向奴隸的過程。更重要的是心靈的奢侈。對奢侈的物質生活的種種嚮往，變成了心靈精神的沉重負擔。這種負擔變成了一種精神的奴役，讓你時刻都生活在一種壓抑煩躁的狀態之中。

事實上，想一想我們究竟需要多少金錢就能滿足自己生活的需要，這種奢侈究竟有沒有價值，他就會發現實在是得不償失。他會發現他孜孜以求的東西並不需要。他還會發現得到了物質的奢侈以後，他失去的才是最珍貴的。他最需要的恰恰是他正在一點一點拋棄的。家庭的溫馨，心靈的坦然，精神的放鬆，那種養心養性的淡泊，那種田園小徑的閒適，他都失去了。而這恰恰是生命的最高境界。

正如我們用電腦，在系統中安裝的應用軟體越多，電腦運行的速度就越慢，並且在電腦運行的過程中，還會有大量的垃圾檔、錯誤資訊不斷產生，若不及時清理掉，不僅會影響電腦的運行速度，還會造成當機甚至整個系統的癱瘓。所以必須定期地刪除多餘的軟體，清理掉那些無用的垃圾檔，這樣才能保證電腦的正常運轉。

我們每一天都徘徊於失與得之間。但很多人失不得，也失不起；對於他們來講，他們失去的不僅僅是物質，同時也會失去一個人的心理上的平衡。所以有人說，這種失去的有限的人，他們得到的也一定非常有限。什麼都想得到，只能是生活中的侏儒。要想獲得某種超常的發揮，就必須捨棄許多東西。人生並不是只有現在，而且有更長遠的未來。暫時的放棄是爲了未來更好地獲得。

科學家們曾經做了一系列實驗，其中有一個讓一組被測試者在六種巧克力中選擇自己想買的，另外一組被測試者在三十種巧克力中選擇。結果，後一組中有更多人感到所選的巧克力不大好吃，對自己的選擇有點後悔。

另一個實驗是在史丹福大學附近的一個以食品種類繁多聞名的超市進行的。工作人員在超市裡設置了兩個試吃點，一個有六種口味，另一個有二十四種口味。結果顯示有二十四種口味的攤位吸引的顧客較多：經過的兩百四十二位客人當中，有百分之六十會停下試吃；而兩百六十個經過六種口味的攤位的客人中，停下試吃的只有百分之四十。不過最終的結果卻是出乎意料：在有六種口味的攤位前停下的顧客百分之三十都至少買了一瓶果醬，而在有二十四種口味攤位前的試吃者中只有百分之三的人購買東西。

選項越多的時候，我們反而越得不到想要的東西。生活中，總有很多的道路需要我們去選擇。放下一些原本不屬於自己的選項，才能去追尋前方更加美好的東西！每一天都是一個新開始，每一天都應該輕裝上陣，只有這樣，我們才能感受到生活的快樂和愜意。

面對紛雜的社會，令我們左右爲難的情形會時常出現，但是過多地權衡到頭來將會一無所得。人的精力是有限的，在這件事上關注得多了，在別件事上，勢必就關注得少了。要想取得事半功倍的成就，就必須全心全意，找到自己最需要的東西。這樣才能獲得「鍥而不捨，金石可鏤」的力量，反之，那些什麼都想抓的人，最終只能是兩手空空，一無所獲。

生命的進行就如同參加一次旅行，背負的東西越少，越能發揮自己的潛能。你可以列出清單，決定背包裡該裝些什麼才能幫助你到達目的地。但是，記住，在每一次停泊時都要清理自己的口袋，什麼該丟，什麼該留，把更多的位置空出來放自己真正需要的東西。

人貴有自知之明

俗話說：「知人者智，自知者明；勝人者有力，自勝者強。」人生最可怕的事情就是不能正確看待自己，而一個人要想成功，就必須對自己有適當的瞭解，有自知之明，能正確認識和評價自己，包括自己的優點、缺點、各方面的條件、能力、氣質、性格、興趣，等等。

哲人說：「誠實地向自己展開自己，這是人生一道優美的風景線。」自知，就是要知道自己、瞭解自己。常言道「人貴有自知之明」，把人的自知稱爲「貴」，可見人是多麼不容易自知；把自知稱之爲「明」，又可見自知是一個人智慧的個性表現。人之不自知，正如「目不見睫」——人的眼睛可以看見百步以外的東西，卻看不見自己的睫毛。

自知之明，是追求進步的起點，沒有這一點，也就沒了成長的欲望。我們有自知之明，才能更好地認識自己的性格，不但能看到自己的優點長處，而且能發現自己的不足，才能對自己有清醒而正確的認識，有客觀而中性的評價，才能更好地完善自我。

甲公司是一家中型廣告公司，設計部有兩男一女。平日裡，三個人總能在繁忙的工作中找到偷閒的機會。例如，聊聊電視劇，或者說說商場裡最新的打折資訊，等等。就這樣，三個人過得優哉游哉。

一天，老闆領著一個稚氣未脫的男孩走進了他們的辦公室，說是新同事，應屆大學畢業生林。

林來到設計部上班，就像每個新人一樣默默無聞、勤勤懇懇地工作。早上，「元老」們還沒到，林就開始打掃辦公室。設計部有很多需要跑腿的工作，以前設計部的人都做得不情不願的，「三個和尚沒水喝」，總是以猜拳的方式決定誰是那個「倒楣蛋」。但是現在，不用叫，林就抱起文件，送往有關部門。而當林跑前跑後的時候，「元老」們按照「慣例」，又將話題扯到熱點新聞上去了。每當下班的時候，「元老」們都會迫不及待地離開公司，林則毫無怨言地收拾著遍地狼藉的辦公室。「元老」們還打趣說：「新人都該這樣。」

沒多久，老總開會說設計部是公司的重心，要適當擴大，還要選出一個部長。涉及各自的前途，那幾個「元老」收斂了許多，都想在老總面前好好表現，以贏得升遷的機會。然而，不久後，人選張貼在辦公室外的公佈欄，是林。

林在上任致辭時說，現如今職場就是戰場，一切都要靠自己努力，升遷的機會也是靠自己把握的。

原來林每週六都會抽出至少半天的時間學習，學習最新的廣告設計理念，提升自己。當老闆找他談話時，他說：「我給自己『加班』，不是為了完成工作任務，而是為了提升自己的能力。當別人都在向前走的時候，我要跑起來，才會比別人進步快，而週六，正是我提升自己的最佳時機。」

在工作中，很多人喜歡怨天尤人，卻不在自己身上找找原因。其實，一個人事業不順利的原因是多方面的，而很可能最重要的原因就在於自己身上，林正是因爲有自知之明，認識到了自己的不足，才能在工作中不斷進步，成爲老闆器重的人。

歌德說：「一個目光敏銳，見識深刻的人，倘若還能承認自己有局限性，那他離完人就不遠了。」成功的人之所以能夠成功的很大原因在於他能及時地認識到自己的缺點。一個人的成功不在於他有多大的優點，而在於他能分析自己的弱勢，並巧妙利用，將其轉變爲自己的優勢。

另外一種情況是，有些人也能清醒地認識到自己的缺點，但他要做的不是彌補或轉化，而是想方設法地掩蓋。他們會隨時隨地、不惜代價，盡一切努力去維護他們外在的完美形象。如果有任何東西威脅到他們的形象，有任何跡象表明他們的某種不足，他們往往不是根據這些跡象去修正自己，而是著手消滅掉這些跡象。

「看清別人容易，看清自己困難。」這是彼得・巴勒說過的話。因此反省對於人來說並非易事。不過白朗寧也說過「能夠自躬反省的人，就一定不是庸俗的人」。一個從不進行自我反省的人，則會重蹈覆轍地反覆犯某些錯誤，以至於使自己的能力被湮滅；相反，一個常常進行自我反省的人，能夠及時地發現自己的長處和短處，並能揚長避短，利用自己的優點發揮自己的最大潛能。一個人能夠不斷前進，關鍵在於他能夠不斷認識自己，改正自己的錯誤，取得一個接一個的成功。

正視自己，需要勇氣，更需要行動。一個人若只對自己的缺點、錯誤停留在表面認識而不去用行動改變時，那麼正視自己也失去了意義，因此我們需要敢於承認錯誤，更需要敢於改正錯誤。「承認」是前提，改正則是正視自己的核心。有勇氣承認，更要有勇氣改正，把改正作爲一個全新的起點，整裝待發。

但每個人對自己還是要有一個基本的認識，要能比較客觀地看待自己的能力、性格。如果過高地看待自己，很容易遭受挫折。當你發展順利、平步青雲、一路鮮花掌聲時，要時刻提醒自己保持清醒，不能滋生驕傲情緒，不能目中無人，目空一切。要像剛起步時那樣看待朋友，看待生活，要一如既往地勤奮忠實。很多人就是在取得一點成績以後就認不清自己，於是把自己和原來的「我」分開，同時也把自己和朋友、親人分開，使自己游離於社會之外，其實這時在很多人眼裡，他已經是個另類人物。一旦一個人失去了一顆平常心，那他也就離失敗不遠了。很多成功的企業家之所以出事，就是因爲沒能很好地找準自己的座標，沒能把現在的自己和原來的自己聯繫起來。而且當一個人成功時，周圍人的吹捧也是最容易亂分寸的，所以明白人永遠是以自己心中的自我爲基準，絕不在乎別人的吹捧。

愛因斯坦小時候是個十分貪玩的孩子，他的母親常常為此憂心忡忡。母親的再三告誡對他來說如同耳邊風。十六歲那年秋天的一天上午，父親將正要去河邊釣魚的愛因斯坦攔住，並給他講了一個故事，正是這個故事改變了愛因斯坦的一生。

父親說：「昨天我和我們的鄰居傑克大叔去清掃南邊的一個大煙囪，那煙囪只有踩著裡面的鋼筋梯才能上去。你傑克大叔在前面，我在後面，我們抓著扶手一階一階地終於爬上去了。下來時，你傑克大叔依舊走在前面，我還是跟在後面。鑽出煙囪時，我發現你傑克大叔的後背、臉上全被煙囪裡的煙灰熏黑了，看見你傑克大叔的模樣，心想我一定和他一樣，臉髒得像個小丑，於是我就到附近的小河裡去洗了又洗。而你傑克大叔呢，他看我鑽出煙囪時乾乾淨淨的，就以為他也和我一樣乾乾淨淨的，只草草地洗了洗手就上街了。結果，街上的人都笑破了肚子，還以為你傑克大叔是個瘋子呢。」

愛因斯坦聽罷，忍不住和父親一起大笑起來。父親笑完後，鄭重地對他說：「其實別人誰也不能做你的鏡子，只有自己才是自己的鏡子。拿別人做鏡子，白癡也會把自己照成天才的。」

日常生活中，我們既不可能無時無刻去反省自己，也不可能總把自己放在局外人的地位來觀察自己，於是只能借助外界資訊來認識自己，受到周圍資訊的暗示，並把他人的言行作爲自己行動的參照。

人要想客觀真實地認識自己，就必須從以下幾方面努力。

一、要學會面對自己

有這樣一個測驗情商的題目：一個落水昏迷的女人被救起後，她醒來發現自己一絲不掛，第一個反應是捂住什麼呢？答案是：尖叫一聲，然後用雙手捂住自己的眼睛。

從心理學上來說，這是一個典型的不願面對自己的例子。因爲自己有缺陷或者自認爲是缺陷，就透過自己的方法把它掩蓋起來，但這種掩蓋實際上也像上面的落水女人一樣，是把自己的眼睛矇上。這種做法無異於掩耳盜鈴。所以，人首先必須面對自己，對自己要有一個基本的認識，自己性格是外向還是內向的？自己在人際交往方面有何特長，社交面如何？自己做事踏實嗎？耐心和毅力如何？創新如何？甚至對自己的血型和血質都要有一個基本的瞭解，然後根據這些資料給自己設計一個最佳的生活方式，選定一個比較能發揮自己優勢的工作。一個內向沉穩的人如果去搞研究會比較合適，而叫他去跑業務可能要經歷很多的挫折。

二、培養一種搜集資訊的能力和敏銳的判斷力

很少有人天生就擁有明智和審慎的判斷力。判斷力是一種在搜集資訊的基礎上進行決策的能力，資訊對於判斷的支援作用不容忽視。沒有相當充分的資訊搜集，很難作出明智的決斷。

三、透過與自己身邊的人在各方面的比較來認識自己

比較時，要選準對象。找不如自己的人作比較，或者拿自己的缺陷與別人的優點比，都會失之偏頗。要根據自己的實際情況，選擇條件相當的人作比較，找出自己在群體中的合適位置。這樣認識自己，才比較客觀。

四、透過重大事件來認識自己

分析重大事件中自己的表現，可以從中發現自己的長處和不足。越是在成功的巔峰或失敗的低谷時，就越能反映一個人的真實性格。

在工作中，人的性格和能力會不斷地改變，而且也會不斷發現自己新的潛力，所以平時如能多加學習，多和朋友交流，多給自己一些鍛鍊的機會，就會更早、更容易發現自己的潛能，從而使自己的能力得到充分的發揮。

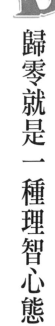

歸零就是一種理智心態

歸零心態是把心靈清空，讓過去的所有歸零，不背任何包袱，簡單地生活，輕鬆快樂地面對一切。我們與其為打翻牛奶而哭泣，不如吸取教訓，堅毅地忘掉一切不愉快的事情，從零開始。這樣的心態也就是低位思考高位理智的歸零心態。

生活就是不斷地重新再來，不歸零就不能進入新的資產重組，就不會持續發展。在此之前，你可能有過很高的地位，可能擁有很多的財富，擁有淵博的知識，但是當你想要獲得更大的成功時，你一定要有抱持空杯心態。因爲只有沉得住氣，不浮躁，你才能夠快速地成長，才能學到更多的成功方法。

從前，有一位秀才，甚愛繪畫，可是苦於身邊沒有高人指點，無法增進他的作畫水準，於是他便周遊四方，尋師學藝。

可是轉眼兩年過去了，他走了很多地方，也見了很多名師，卻始終沒有遇到他心目中認可的高人。所以，他感到非常苦惱。

有一天，他正巧路過一座寺院，因為天色已晚，所幸也就借宿其中。在與寺院方丈的交談中，他就把自己的「遭遇」講給了方丈。

方丈聽完後說道：「我非常喜歡茶具，你既然會作畫。能不能為我畫一幅關於茶藝方面的畫呢？」

秀才欣然地答應了方丈的請求，在行李中拿出筆墨紙硯，刷刷幾筆，很輕鬆地就畫出了一套精美的茶具，特別是畫面上方，由茶壺傾瀉而下直入茶杯的水柱，簡直栩栩如生。

方丈看了看，微笑著說道：「不好。」

秀才有點不明白，於是便問：「哪裡畫得不像嗎？」

方丈說：「像倒是很像，只是位置畫錯了，如果把茶壺畫在下面，把水杯畫在上面就對了。」

秀才哈哈大笑，說道：「老方丈，你是不是糊塗了，如果把茶壺放低處，把茶杯放在高處的話，還怎麼往茶杯裡倒茶水啊？」

老方丈這時很認真地對秀才說：「年輕人，你這不是什麼都懂嘛。為什麼會求不到師父呢？」

這位秀才過於自傲的心理，便是他求不到師父的主要原因，既然是爲了拜師學藝，就該把自己放在求學者的位置，一味的高居不下，又怎麼會把所謂的「高人」放在眼裡呢。太過於沉浸於自己的成績時，必定會使人迷失自我。反之，太過於牽涉昔日的失敗、無能、平庸或污點的話，也會使人裹足不前。

特別是在企業中，這種現象極爲常見，一些在公司取得過很高成績的員工，或是剛剛從其他企業較高職位轉入新公司時，這些人都很難具有歸零心態。更有一部分員工，常常受困於過去的失敗，不敢於面對工作中的挑戰，而無法提高工作效率。這種現象，不論對企業，還是員工本人而言，都是十分不利的。

一個剛工作不久的年輕人，找到一位著名的企業家，希望向他請教有關成功的祕訣。企業家先是讓他介紹一下自己。於是年輕人用了很長一段時間講述自己的良好品質以及所取得的成就。

當這位企業家針對這個年輕人的實際情況提出有關工作態度和職業方向的建議時，年輕人卻並不願意接受，他覺得自己有一個更好的主意，因為自己其實已經取得了一些成績，只不過這些成績是在其他領域。這個年輕人相信，這些經驗肯定也可以運用到這家企業。因此，無論企業家說什麼，年輕人總是有一個「更好的」主意。

於是，企業家拿起一個裝滿酒的玻璃杯，請年輕人拿在手上，然後自己又從旁邊提來一壺酒，慢慢地往玻璃杯中倒。因為玻璃杯已經滿了，所以酒沿著杯壁流到了地上。可是，這位企業家仍然繼續倒著，直到年輕人驚訝地說了出來：「您別倒了，再倒就都浪費了！」

這時，企業家才不緊不慢地收回手，說道：「你的話正是我想說的。這壺酒和我想教給你的東西是一樣的——都是浪費。你已經像這個杯子一樣裝滿東西了」。

年輕人問道：「我現在的經驗難道毫無價值嗎？」

企業家說：「你的思維方式使你成為現在的樣子，並且擁有了現在的東西。按照同樣的方式思考下去，你不會達成自己所希望的目標。你走吧，等你放棄了這一切後再回來。到那時候，我的東西才能夠教給你」。

只有抱著歸零的心態，才能夠接受更新的思想。蛇每年都要蛻皮才能長大，蟹只有脫去原有的外殼，才能換來更堅固的保障。舊的思想如不捨去，新的思想就不會誕生。昨日的成就不代表明日的輝煌，過去的失敗也不代表將來不能成功。所以，清空心中一切不利於前進的思想，才有助於自己取得更高的成就。

現在，很多人都把注意力放在高處，殊不知，眼光盯在高處，一是缺乏對自己實力的證明，不易得；二是即使勉強得到了，也不一定能夠做出成績來。具有歸零心態的人其心靈總是敞開的，他們能隨時接受偉大的啓示和一切能激發靈感的東西，他們時刻都能感受到成功女神的召喚。他們不僅思想上歸零，行動上也會歸零。

王林大學畢業，進了一家機械廠工作，被分配到基層部門擔任管理人員。因為他不懂生產，不熟悉工藝流程，所學的專業與實際操作銜接不上，在管理上感到力不從心。

另外幾個一同分配來的大學生，雖然也不能勝任工作，但他們不從自身找原因，而是一味發牢騷：抱怨工廠待遇太低，升遷太慢，認為在這裡工作是大材小用。他們甚至以「跳槽」相威脅，讓廠長給他們安排更好的位置。

就在夥伴們相繼高升之際，他卻向廠長提出了不同的要求：讓他下車間，當工人。廠長驚訝極了，轉而對他的選擇表示了讚賞：「好，小夥子有志氣！」但是他卻沒法得到更多人的理解，消息傳出，全廠譁然，連那幾個大學生對此也表示不能理解。

王林卻不理會那些議論，安安心心做了一名工人。他一心放在工作上，努力鑽研各項技術，熟悉每個工種。兩年後，他升任車間主任，因為他懂技術，沒人敢敷衍他，所以王林所在車間的產品品質是最好的。這時，當年跟他一起進廠的大學生都在各科室擔任中層幹部。

幾年後，廠裡決定試行承包制。他承包了二車間。因為產品品質很好，行銷自然容易，很快就打開了市場銷路，在全行業中成為赫赫有名的新軍。後來，他透過融資，買下了這家工廠。現在他已是知名的民營企業家，公司的股票正準備上市。在總結成功經驗時，王林說：「海納百川，才成汪洋之勢。年輕人要學會從低位做起，充分累積經驗，將來才能有成功的本錢。」

就因爲王林沒有被一時的利益所誘惑，能夠冷靜歸零，最終取得了成功。俗話說，人往高處走，水往低處流。人們通常會一味地往高處走，而忘乎所以，浮躁膚淺。這時，就需要一種逆向思維，而放低自己，將自己歸零，往往能看到不一樣的風景，也能爲將來的奮起儲存能量。

如果你想時刻進步，就必須倒空杯中水，謀求發展。在不斷清空自己的過程中，不斷發展、完善自己的個性。安於現狀的最大不幸，便是即將失去現狀。偶然的成功，比必然的失敗更可怕。任何人的成功都不是永恆的，只有在不斷地歸零中，才能驗證一個人特有的韌性。

揚長避短，發揮自身優勢

每個人都是一個獨立的自我，每個人都有自己的優點和缺點，世上絕對沒有十全十美之人，但一個人如果能瞭解自己的優點和缺點，以及這些優點和缺點在不同時空對你所具有的意義，那就差不多接近十全十美了。

一位名人曾經說過：「人必須悅納自己，揚長避短，不斷前進」。凡成功者，都是根據自己的長處來確定自己的人生方向，對自己的弱點和短處設法避開，從而如願以償。在人生的旅途中，一個人若是用自己的短處而不是長處來謀生，那是他可能會在永久的自卑和失意中沉淪。

美國著名諮詢公司蓋洛普透過對美國兩千名社會知名人士、成功者的長期研究發現，儘管其成功的路徑和方法各異，但都有一個共同點，就是他們都懂得揚長避短。

彌補自己的短處，有效的解決辦法是設法控制弱點，只要它不嚴重影響、制約你優勢的發揮就行，騰出手來把優勢磨礪得更加犀利，用你的超強優勢來蓋過你的弱點。每個人都有自己的特長、興趣、愛好，充分發揮你的優勢，在你所涉足的領域成爲第一就是成功，三百六十行，行行都可以出狀元，都有成功人士！

縱古觀今，揚長避短成就人生的人和事比比皆是。春秋時期，田忌透過用下等馬對上等馬，中等馬對下等馬，上等馬對中等馬的方式來彌補自身馬匹的不足，從而贏得勝利；著名的文學家錢仲書、席慕容，雖然年輕的時候數學不及格，但是最終在文學方面取得驕人成績。

事物是辯證的，在認識自我的過程中，要運用辯證思維，既要善於發現和利用優勢，也要善於發現和規避劣勢，這就給自己的發展大大地拓寬了道路。

我們不能教兔子游泳，教猴子耕地，但是我們可以引導兔子奔跑得更快更好，引導猴子上樹上得更快更好。請深思：你到底是一隻兔子還是一個猴子？是一隻鹿還是一隻鷹？你的特長究竟在何方？

每個人在面對自身性格的時候，都應秉持劣勢要避短，特長要揚長的原則。美國蓋洛普公司提出了顛覆傳統認知的優勢理論，指出一個人之所以能成功是發揮出自己的優勢而不是彌補自己的缺點和缺陷。然而，遺憾的是，很多人對自己的才能和優勢既不瞭解，也不知道如何充分發揮。他們誤以爲只有比別人的缺點更少才能取得成功，於是不遺餘力地彌補自身缺陷、弱點，結果缺陷和弱點不但沒有克服，反而將自己的優勢湮沒了。爲什麼彌補缺陷和弱點適得其反呢？因爲世上萬事萬物包括高級動物人類都是優勢與缺陷、優點與弱點並存的，一個人的一方面的優點必然伴隨著相應的弱點，某一方面的弱點也必然伴隨著相應的優點，某一方面的優勢必然伴隨著相應的劣勢，一方面的劣勢也必然伴隨著相應的優勢。這就是辯證法。這就是規律，是不可抗拒的。把精力用在改缺點上，無異於將一塊碧玉上的瑕疵徹底根除，其結果只能是連碧玉本身也破壞了，因爲白璧微瑕，瑕疵與碧玉主體是與生俱來互相依存的。因此，唯一正確的方法就是最大限度地發現你的優勢，發揮你的優勢。

畢業於西點軍校的弗郎克軍士，在一次軍事演習中，手榴彈碎片炸入他的左小腿，醫生不得不把腿切除掉，等著退伍似乎已成不可避免的結局，更讓他傷心的是失去了昔日在棒球場上的勇猛勁頭。在以後的球賽裡，他只能用棒擊球，而由別人替他跑壘。他想用自己的勇氣改變這一缺陷，有一天，在他將球擊出後，他推開了替他跑壘的隊友，忍著疼痛，一瘸一拐地跑了起來，當跑到第一壘和第二壘之間時，他看到對方球員已接到了球正向守第二壘的人扔過去，他就閉上眼睛，頭朝前地滑入了二壘。裁判員喊出了「安全」的口令，弗朗克發出了勝利的微笑。幾年後，他向上級請戰，帶領一個中隊到一個地形複雜的地方演習，並圓滿地完成了任務。

後來，弗朗克升為四星上將，而且還可以跑步。聽到他創造的奇蹟後，新聞記者都來採訪他，他說：「失去一條腿，教會了我一個真理，那就是一個人受自己缺陷的限制是可大可小的，這取決於你自己如何看待和處理它。關鍵是應該注意發揮你所具有的長處，而不是老記著自己的缺陷」。

正視自己的缺陷，善於發揮和經營自己的長處，是一種聰慧的生存方式，也是我們擺脫局限，超越自己超越別人的最好捷徑。

讓你的優勢更優，而不是彌補劣勢。這是最大優勢理論的精髓。那麼什麼是自己的優勢？如何才能發現自己的優勢？你只需每天問自己「在工作中，是否有機會做自己最擅長的事」，如果回答是肯定的，那說明你是在發揮自己的優勢，否則就成了爲生存而工作，毫無樂趣可言。

發現自己最大優勢是成功的開始，關鍵還在於將你的優勢打磨成器，形成價值。這就需要持之以恆地訓練，持續使用和強化優勢，讓「優勢」更優，讓自己脫穎而出，傲視群雄。否則，再大的優勢也會「發黴生銹」。

享譽世界的童話大師安徒生，先寫詩不成，寫戲劇也不成，又寫小說，還是不成，再寫遊記，仍然不成，彷彿是他沒有寫作的天賦似的。但是就在他幾近絕望之際，他寫的童話一炮而響，大受歡迎，很快贏得了許多大作家如海涅、狄更斯、巴爾扎克等人的讚賞和支持，聲名鵲起。

試想，如果安徒生沒有寫作童話，而是一直固守在寫詩、小說、遊記上，即使他嘔心瀝血，廢寢忘食，會是一種什麼結果呢？一個人一定有自己的位置。同樣是作家，在文壇上的一席之地也是不一樣的。安徒生的位置是童話大師，而不是詩歌王子或小說家。

很多人的能力多種多樣，只要進行細分，就可分出百種、千種、萬種。因此，揚長避短，一定要進行深入細微的分析，力求把自己的長處把握得更準。在日常生活中，天才畢竟是寥若晨星，大部分人的智商水準都差不多。之所以有人會取得成功而大部分人會庸碌一生，關鍵在於能否儘快發現自己的潛力和興趣所在，將其打造成爲特長，並最終做大做強。

所謂「事業強不強，關鍵在特長。好運長不長，根本在強項」，一個人樣樣通樣樣鬆，永遠難成大器。而發現自己的優勢，透過聚焦，打造優勢中的優勢，把一個點變成原子彈，用一個亮點照亮世界，這是成功的必經之路。你的位置在哪裡？哪裡是你的最佳位置？就在你的特長上，就在你不斷發揚光大的亮點上。

認識自己方能成就自我

人生不如意事十之八九，但很多時候不是環境出了問題，而是我們自己出了問題，比如我們沒有選擇正確的人生方向，我們對自己能力的認識存在偏差等等。只要我們能正確地認識自我，社會總有我們的立足之地。

人一生的奮鬥過程其實就是戰勝自我的過程，要想戰勝自我，當然首先要儘量地瞭解自己的性格優缺點。如果對自己的優點、缺點都不清楚，那就很難在工作中揚長避短，挑戰自我。

我們要充分地相信自己，因爲人是可以改變的。自信心強的人能較好地看到自己的潛力，而自卑的人則會對自己有所貶低。如果自己覺得自己是個樂觀向上的人，那麼你就會表現得樂觀向上；而如果自己認爲自己是個內向而遲鈍的人，那很可能就會表現得內向遲鈍。

斯芬克斯是希臘神話故事裡一個獅身人面的怪獸。它有一個謎語，詢問每一個路過的人：「早晨用四隻腳走路，中午用兩隻腳走路，傍晚用三隻腳走路，這是什麼？」如果你回答不出，就會被它吃掉。它吃掉了很多人，直到英雄的少年俄狄浦斯答出了謎底。

俄狄浦斯的回答是人。他解釋說：「在生命的早晨，人是一個嬌嫩的嬰兒，用四肢爬行。到了中午，也就是人的青壯年時期，他用兩隻腳走路。到了晚年，他是那樣老邁無力，以至於不得不借助拐杖的扶持，作爲第三隻腳。」斯芬克斯聽了答案，就大叫了一聲，從懸崖上跳下去摔死了。

斯芬克斯之謎，其實就是人之謎、人的生命之謎，解謎也是人類從懵懂到自知的過程。

一個人最不瞭解的就是自己。我們往往只瞭解自己的欲望，不瞭解自己的本性；只瞭解自己的所缺，不瞭解自己的所有；只瞭解自己的容貌，不瞭解自己的形象。

中國有句俗語：「當局者迷，旁觀者清。」當一件事情發生在別人身上時，我們很容易看到它的利弊；如果是發生在我們自己身上，那就難說了。我們瞭解的往往是別人，而不是自己。別人的優缺點，我們能一目了然；自己的優缺點卻總是模糊不清，甚至有時缺點也被我們認爲是優點。

世界上最大的悲劇，也是最大的浪費，就是很多人不瞭解自己的獨特才能，從事著不適合自己的工作，即使幹勁十足，最後也只能平平庸庸。人是自己幸福的締造者，要想成就自我，首先就要認清自己的才能。

認清自己是自我成功的起點。相傳，德國大實業家奧本海默先生在接待一個法國企業家代表團時被人問到成功的祕訣是什麼。他答道：經過思考，我認爲認清自己最重要。

認清自己有利於發揮自己的聰明才智。許多人平庸一生，不是他們沒有才能，而是終其一生都沒有發現自己的才能。世界上許多有成就者之所以獲得成功，最主要的是他們認識到自己的才能。中國作家劉紹棠說：「三百六十行，不能說誰想幹什麼就幹什麼，行行要有才氣。讓我唱歌就唱不好，我就適合寫作。」

有時，我們認不清自己的長處，以為自己是廢物一塊。有時，我們又認不清自己的短處，總以為自己無所不能，竭力想用跛著的那隻腳踏上成功之路。更要命的是，有時候我們認清了自己，卻不能正視現實，依然故我，在老路上前行。

在認識自己的時候，有的人選擇了自卑。他們羨慕那些走紅的影視明星、著名作家、知名科學家，等等，談起別人頭頭是道，一臉羨慕，但一談到自己就會說：「我不是那塊料，我肯定不會像他們一樣成功的，我可沒有他們那麼好的機會。」這些人自己把自己打入了別冊之中，給自己的前途蒙上了一層灰色的紗幔。

金無足赤，人無完人。而有些人在認識自己時卻過於高估了自己的素質，以爲自己德才兼備、無所不能，說起別人來斜眼癟嘴，說到自己則沒什麼是我做不了的，把自己高高地舉了起來，給自己本身刷上了一層亮麗的油彩。

縱觀古今中外那些傑出的人物，他們都有一個共同的特點，那就是做自己最適合做的事，並堅持下來，終有所成。一位名人曾經說過：「一個人一生只能做一件事。在一件事上做精、做細、做出名堂來。」當今社會分工越來越細，一個人本事再大、精力再多，也不可能三百六十行樣樣精通，他所能做的就是在自己特長的工作上做到極致，做到與眾不同。

一九八七年世界最佳運動員和歐文斯獎兩項大獎的獲得者是美國著名跳水運動員格雷格・洛加尼斯。他就是一個認清自己特長並發揮所長的最好例子。

格雷格・洛加尼斯開始上學的時候很害羞，講話和閱讀遇到了困難，為此他受到了同伴的嘲笑和作弄。洛加尼斯非常沮喪和懊惱，但他非常喜歡舞蹈、雜技還有體操和跳水，他知道自己的天賦在運動方面而不是在學習方面。認清這些後，他減輕了些自卑，並開始專注於舞蹈、雜技、體操和跳水方面的鍛鍊，最終脫穎而出，贏得了同學們的尊重。由於他的天賦和努力，他開始在各種體育比賽中嶄露頭角。

中學時，洛加尼斯發現自己有些力不從心了，因為無論是舞蹈、雜技、體操、跳水，都需要辛勤的付出，他不可能有這麼多時間和精力去做這麼多事。他知道自己必須有所捨棄而專注於一個目標。但此時他不知要捨棄什麼、選擇什麼。這時，他幸運地遇到了他的恩師喬恩，一位前奧運會跳水冠軍。經過對洛加尼斯嚴格的觀察和細微的詢問後，喬恩認為洛加尼斯在跳水方面更有天賦。洛加尼斯在與老師詳細交談並自我反省後，認為自己的確更喜歡跳水，他認識到以前之所以喜歡舞蹈、雜技、體操，是因為這些可以使他跳水更得心應手，可以為跳水帶來更多的花樣和技巧。

經過專業訓練和長期不懈的努力，洛加尼斯終於在跳水方面取得了傲人的成就。他十六歲時就成為美國奧運會代表團成員，二十八歲時獲得六個世界冠軍、三枚奧運會獎牌、三個世界盃獎牌和許多其他獎項。由於對運動事業的傑出貢獻，洛加尼斯在一九八七年獲得世界最佳運動員和歐文斯獎，達到了一個運動員榮譽的頂峰。

一個人要實現自己的人生價值，就得正確地認識自己，珍惜有限的時間，選擇最適合自己的事情去做。自知者智，自勝者強，只有正確地認識自己，才能不怕別人的打擊、諷刺。只有正確地認識自己，才能在困難和挫折面前立於不敗之地，才能給你帶來希望、信心和力量。只有正確地認識自己，才能在成功和勝利面前，認識自己的弱點和潛在的危險。認識你自己，包括以下幾個方面。

一、認清你的天賦

天賦（或素質）指一個人先天的生理器官的形態結構、特點和功能的類型。例如高矮、胖瘦、強弱、靈敏、笨拙、感覺器官的發展程度等，認識自己的素質類型對於成功是非常重要的。

二、認識你的性格分類

性格是指一個人對現實生活和行爲方式中經常表現出來的穩定而又可變的傾向，是具有社會評價意義的心理特點。性格的分法有好多種，有的分爲理智型、情緒型、意志型三種，也有的分爲外向型和內向型，還有的分爲順從型和獨立型。一個人的性格是在現實生活實踐中，跟環境相互作用後形成和發展起來的，認識自己的性格，正確分析自身性格的優點和缺點，並在生活實踐中注意揚長避短，這必將對你的事業大有好處。

三、認清你的能力

能力是一個心理概念，指一個人能成功完成某一種或某幾種類型所必需的內在條件。能力按其適應性，可以分爲智力、專門能力、創造力三種。其中專門能力是符合某項專業活動要求的一些特殊能力的結合，比如音樂能力、繪畫能力、機械能力、教學能力、教育能力，等等，即分別適合於不同專業活動領域的專門能力，它們分別由一些特殊能力構成。

四、認識你的興趣

興趣是人的個性心理特徵的重要方面，人的個性心理特徵是有區別的，興趣也同樣是有區別的。不過，儘管每個人的興趣不盡相同，也可以把它們歸納爲興趣的持續型與波動型，專一型和分散型。興趣的持續型是指一個人的一種或幾種興趣從幼年開始持續不斷，日益鞏固，直到大學時代，甚至終身不變。興趣的波動型，就是在一個時期對這樣的事物或活動有興趣，另一個時期又對那樣的事物或活動有興趣，再過一個時期又可能回到原來感興趣的事物或活動上來，興趣起伏不定，呈波動狀態。興趣的專一型，是指對某一種事物或活動有十分濃厚的興趣，而對別的則往往興趣都不大。而興趣的分散型，就是對各式各樣的事物或活動都有一定的興趣，但往往又均爲蜻蜓點水，淺嘗輒止。若一個人的興趣是持續型、專一型，這固然有助於取得成功，但也容易孤陋寡聞，無法觸類旁通，影響取得更大的成就；若一個人的興趣屬於分散型、波動型，沒有一個中心興趣，萬事總是浮光掠影、蜻蜓點水，也必然無大成。因此，只有認識自己的興趣類型，才能較好發揮興趣的動力作用和支持作用。

五、認識你的氣質

氣質在捕捉機遇的過程中具有不可忽視的作用。氣質是人們典型而穩定的心理特徵，這主要表現爲一個人情緒體驗中的強度、速度，以及動作反應的敏捷性等。性情和脾氣是氣質的集中反映。

古希臘著名醫生希波里特（前四六〇～前三七七年）很早就觀察到人有不同的氣質，他認爲人體內有四種體液：血液、黏液、黃膽汁和黑膽汁。希波里特根據人體內的這四種體液的不同配合比例，將人的氣質劃分爲四種不同的類型：多血質，體液中血液佔優勢；黏液質，體液中黏液佔優勢；膽汁質，體液中黃膽汁佔優勢；抑鬱質，體液中黑膽汁佔優勢。

多血質靈活性高，易於適應環境變化，善於交際，在工作、學習中精力充沛而且效率高；對什麼都感興趣，但情感興趣易於變化；有些投機取巧，易驕傲，受不了一成不變的生活。

黏液質反應比較緩慢，堅持而穩健的辛勤工作；動作緩慢而沉著，能克制衝動，嚴格恪守既定的工作制度和生活秩序；情緒不易激動，也不易流露感情；自制力強，不愛顯露自己的才能；固定性有餘而靈活性不足。

膽汁質情緒易激動，反應迅速，行動敏捷，暴躁而有力；性急，有一種強烈而迅速燃燒的熱情，不能自制；在克服困難上有堅忍不拔的勁頭，但不善於考慮能否做到，工作有明顯的週期性，能以極大的熱情投身於事業，也準備克服且正在克服通向目標的重重困難和障礙，但當精力消耗殆盡時，便失去信心，情緒頓時轉爲沮喪而一事無成。

抑鬱質具有高度的情緒易感性，主觀上把很弱的刺激當作強作用來感受，常爲微不足道的原因動感情，且有力持久；行動表現上遲緩，有些孤僻；遇到困難時優柔寡斷，面臨危險時極度恐懼。

氣質本身並沒有好壞之分，因爲任何一種氣質類型都有其積極的一面和消極的一面。例如，多血質的人靈活、親切，但是輕浮、情緒多變；黏液質的人沉著、冷靜、堅毅，但是缺乏活力、冷淡；膽汁質的人積極、生氣勃勃，但是暴躁、任性、感情用事；抑鬱質的人情感深刻穩定，但是孤僻、羞怯。因而，我們要注意發揚氣質中積極的方面，克服消極的方面。

六、認識你的情感

看過自己的意志再看自己的情感，情感的主要類型有興奮型和穩定型，熱情型和冷淡型，外傾型和內傾型六種。**興奮型**的特殊表現爲情感的易受刺激、易衝動或激動，以及容易變化。屬於情感興奮型的人很容易以激情的形式來表現自己的情感。如易於衝動、狂歡、暴怒、痛苦、絕望等；**穩定型**的人是以情感比較沉著、協調，不易變化爲特徵的，這種人的情感不易被外界刺激起來，即使有動於衷，也不大形之於色。**熱情型**是以富於熱情爲特徵，這種人情緒飽滿、精力充沛，生活豐富而緊張，勇於追求並願獻身於自己所熱愛的事業；**冷淡型**是以缺乏豐富的情感體驗爲特徵的，這種人情感的易受刺激性大大降低，對人對事對物總是無動於衷，他們靠理智的論據來生活。當然不能說這種人沒有情感，而是情感的作用對生活和活動幾乎不發生影響。**外傾型**的主要特徵是情感易於外露，表情動作特別明顯，甚至誇張；而**內傾型**的主要特徵則是情感善於內藏，外部表情不甚明顯。認識了自己的情感類型，在學習和工作中，不僅要有激情，而且還要有適合自己情感類型的工作，並注意在學習和工作中，汲取其他類型的優點，做到既要有激情，又要有冷靜的頭腦；既要有所追求，又要有所捨棄。最大限度地增強情感的增力功能，減少情感的消極因素。

七、認識你的能力

能力是決定心理活動效率的基本因素，人的活動能否順利進行，這與能力有關。性格則表現爲人的活動指向什麼、採取什麼態度、怎樣進行。例如，一個人識記比較差，反映的是這個人的能力特點。如果這個人不論記什麼資料，總是粗心大意、馬馬虎虎，這就反映了這個人對現實的特殊的態度和某種習慣了的行動方式，而這就是這個人的一種性格特點。同樣，某人思考一些問題總是很深刻、很有邏輯性，就表明了這個人的一種智慧特點。如果這個人考慮問題總是很細心、很周到，處事很謹慎，行動很堅定，就在言行態度上反映了這個人的性格特點。

成功的開始在於正確認識自我。認清自己的能力優勢，可以使你更好地設計和塑造自己，而在相當大的程度上，對自我的認識就決定了你做事與作勢的方向，也決定了你未來的命運。

設定目標，優勢潛能會更好地發揮

目標是行動的起跑點，當你找到自己的能力優勢後，緊接著就要設立明確而合理的目標，激勵自己發揮潛能，讓自己做到最好。

現實生活中，很多人通常不太去留意促成事業獲得成功的因素，他們常把做事情和做事業看得過分簡單，不肯集中自己的全部心思去做。殊不知，我們在一項事業上的經驗好比是一個雪球，隨著人生軌跡的推移，這個雪球將越滾越大。所以，任何人都應該把全部精力集中在某一項事業上，隨著不斷努力，經驗也在不斷累積，做起事來也就越順手、越容易。

事實上，若希望自己在行進中放大優勢，首先必須繪製自己的藍圖。生活沒有方向是很多人容易犯的毛病。經常有人說：「我的問題就在於沒有前進方向。」當有努力方向在激勵著你的時候，你的心靈會超越它平常的界限，你的各種潛力和才能都開始復甦，你會發現自己置身在一個奇妙的世界中。

有著堅強的中心意志和目標的人，在社會中一定能夠占得重要的位置，爲他人所敬仰。他的言語行動，表現出有定力、有作爲、有主見、有生命之目標，而又必求達到其目標。在這樣的一種意志之下，一切的阻礙都會消失。

凡成功者，必有堅定而明確的目標。隨後，他們以身爲箭，以心爲弦，將自己射向成功的目標。此所謂有價値的生命者，此所謂成功之人士。凡是有著強有力的中心意志，一定是個積極的、有建設與創造本領的人。每個人都會嚮往一件事，希冀一件事，但真能做事、成事的，卻只有那些懷著中心意志和終極目標的人。

中國香港特區前行政長官董建華剛去英國讀書的時候，只會說

「Yes」、「No」以及「How are you」這樣幾句英語，但他相信知識都是慢慢累積的，能力都會有一個潛移默化提高的過程。於是他鼓起勇氣主動與同學交談，一字一句用心學習英語，只用了幾個月的時間就消除了語言障礙。

他在回憶學生時代的這段經歷時說：「我知道，不大會說英語，要去英國學習，對我來說是一個很大的挑戰，而這種挑戰卻給了我一個很好地鍛鍊自己、提升自己的機會。我喜歡爲自己定下一個長遠的目標，定下了目標，我便會堅定不移地朝著這個目標努力。我從小就培養出這樣的個性。達到一個好的目標，是人生的樂趣。」

可見，如果我們非常想得到某件東西，就必須把它作爲自己堅定的目標，並朝著這個唯一的方向不懈努力、不斷前進。要知道，什麼都想要，結果往往是什麼也得不到。

在實現目標的過程中，我們總會遇到很多困難，但是我們堅持下來，就一定能夠突出重圍。倘若遇到困難便不再堅持，給自己再換一個新的目標，所有的努力就會因爲放棄而成爲無謂的「折騰」。回想一下，我們是否有過東一鎚子西一棒頭瞎忙活的經歷呢?當我們抓不住目標的時候，我們可以先規劃好一個目標，然後再沿著這個目標堅定不移地執行下去。目標感決定方向感，目標明確方向才能清晰，做事才會成功。

在設定目標時，要根據自己未來的能力來定，而不是著眼於現在的能力。不要覺得目標高就是不切實際，我們現在做的很多工作，在三五年前看來，不也是抱著懷疑的態度說「不可能」、「完成不了」嗎?但是現在看來，只不過是簡單的工作而已，因爲我們的能力已經發展到了能夠完成這些工作的程度。

人的能力是可以無限延展的，要用「將來時」看待能力，而不是「現在進行時」。假設你的能力可以達到十，而你在設定目標時只定在九或是八，以此來保證自己一定能夠達到目標。長此以往，你確實是可以達到預期的目標了，可是能力止步不前，甚至會倒退，原因是長久地不完成十這個標準的目標，久而久之就消磨了原本能夠達到十的那些能力。反過來想，如果你的能力是十，你在設立目標時總是比十高，而且付出更多的努力去達成，那麼你今後的目標就可以越來越有挑戰性，你的能力隨著目標的升高而提高，你自然會逐漸進步。

稻盛和夫就是用這樣的方法使他的京瓷公司走上了成功之路。

京瓷公司剛成立初期，最開始生產的產品是提供給松下電子工業的用於電視機顯像管上的絕緣零件。為了讓公司擺脫只生產單一產品的經營危險，稻盛決定開拓業務範圍。他多次向東芝、日立等大型電子企業宣傳，稱京瓷擁有高新技術，能夠生產新型陶瓷絕緣產品。稻盛的這個辦法並沒有奏效，因為這些大企業都有長期合作的陶瓷廠家，況且，京瓷當時還是一家名不見經傳的小企業，大企業的工程師們誰也不放心把訂單交給稻盛。

於是，這些工程師們就會問：「既然你們有這種新型陶瓷的製作技術，那麼這樣的產品你們可以嗎？」他們給出的都是其他陶瓷廠家不肯接受的高難度、高要求的產品訂單。稻盛面對這些訂單都十分肯定地回答：

「我們可以！」

他的做法讓京瓷的員工們感到十分費解，明明是不可能做到的事情，為什麼要接下這樣的訂單？稻盛自己也很清楚，以京瓷當時的技術實力確實不太可能完成這些訂單的高難度要求。但是，如果說做不出來，京瓷從此就不會再有大客戶，企業的前途堪憂；既然答應能做，就必須做出來，否則得到的也將是永遠失去這些客戶的結果。

京瓷當時既沒有相關經驗，更沒有技術和設備。員工們反問稻盛：「連設備都沒有，怎麼可能做得了？」

稻盛鼓勵他們說：「沒有設備，我們可以去買二手設備來用；就技術來說，我們確實是難以勝任，可是這是現在的情況；只要我們肯努力，只要我們全心付出，在未來一定能夠達到目標！打起精神來，加油吧！」

定下高目標，再想方設法、不遺餘力地去爲之努力，京瓷的技術就這樣一步一步提高起來，知名度也因此而不斷提升，從而成就了京瓷的「世界一流」夢想。

稻盛先生的做法是一個提高能力的好辦法，根據自己現在的能力，大膽設想未來某一時間點的能力，始終把跨欄設定在比自己現有能力高兩三成的高度，定下目標後，就全力以赴，不達目標決不放棄。

高爾基曾說：「一個人追求的目標越高，他的能力就發展得越快，對社會就越有益。」對自己設定更高的要求是一件很重要的事情，因爲工作會隨著志向走，成功會隨著工作來。一個人只有樹立遠大的理想和目標，才有可能去爲之奮鬥，去實現自己的理想，才有可能突破現在能力的局限，走向成功的彼岸。

當然，目標並非定得越高越好，目標遠大也要有一定限度，如果目標太過遙遠，會令員工望而生畏，失敗次數多了勢必會影響團隊士氣，兩三成的高度也許是比較合適的。這樣的目標既能夠避免絕對失敗帶來的消極影響，又能夠促使團隊努力奮進、不斷進步，進而朝著更高的目標循序漸進地前進。

改善自身弱點就能改變人生

優勢放大，並不等於排斥自己的弱點，弱點也是我們的寶貴財富，重要的是改善自身弱點，將劣勢轉化為優勢，將最大劣勢變為最大價值。

美國軍方曾進行過這樣一項研究：成功者都具有什麼樣的品質？研究人員從軍隊不同部門選出十二位成功人士，把他們集中在一起進行測試。這些人年齡大約三四十歲，有男有女，表面看上去都很普通，家庭也一般，但他們都取得了令人矚目的成就。

在對他們進行的大量測試中，有一項尤其引人注目。這項測試要求他們按先後順序寫下三樣東西，他們認爲生活中最重要的三樣東西。

就是這樣一項簡單的測試，第一個交卷的人竟花了四十多分鐘，許多人則花了一個多小時。儘管看到同組的多數人都已交卷，有些人仍一絲不苟地做完了問卷。更令人想不到的是，在每個人的答卷上，雖然選項各不相同，但幾乎無例外地都寫上了自己的缺點。

金無足赤，人無完人。人人皆有短處，首先要意識到自己的缺點，才能有目標地去完善自己。

馬佳原本是一家公司的小職員，因為英語能力非常好，所以很受老闆重視，只要是和外商公司談合作，老闆都會帶著馬佳去。馬佳也不負眾望，每次都能用她的專長為老闆簽下合約。馬佳自己也清楚，讓她能在這個大公司站穩腳跟，受到老闆賞識的關鍵是自己的長處——英語。

然而有一次，老闆帶著馬佳和一家外商公司談生意，本來洽談得很順利，但在最後對方要求他們用英語寫一份計畫書。老闆把這項任務交給了馬佳，這可讓她為難了。馬佳的口語是很好，寫作能力卻遜色許多，尤其是要書寫如此專業性的文件。馬佳想來想去，決定告訴老闆自己寫不了。就這樣，老闆不得不找另一個同事來做。這件事後，老闆似乎不那麼重用馬佳了，有重要的英文談判也不會每次都帶著她。馬佳看著自己在公司日漸受到冷落，於是下定決心，努力地學習英文寫作。她翻出大學課本，參加補習班，並利用一切可利用的時間學習寫作。

有一天，老闆讓馬佳送一份英文檔給客戶。馬佳接到檔後，並沒有立即送過去，而是仔細地檢查了一遍，果然檔中有一處嚴重且不易發現的錯誤，於是她立即彙報給老闆，從而讓公司避免了損失。老闆對馬佳工作認真的態度大為讚揚，並且對馬佳的寫作水準提升得如此快感到驚訝。馬佳對老闆說：「雖然我的長處是英語口語，但我如果滿足於此就難以再有進步。因此，我只有更好地經營自己的長處，讓我的英語能力變得更加全面，才能為公司帶來更多利益，讓我自己具有更大的價值。」當然，在這之後，馬佳再次受到老闆的重用，最後還坐上了部門經理的位置。

很多時候，我們都需要主動尋找自己缺點進行彌補的精神，時時攬鏡自問：「我哪方面還存在不足？」一般來說，經常自省的人都非常瞭解自己的優劣，因爲他們時時都在仔細檢視自己。這種檢視也叫作「自我觀照」，其實就是跳出自我，以他人的眼光重新觀看審察自己的所作所爲是否爲最佳的選擇——審視自己時必須坦率無私，這樣才能真切地瞭解自己。

一個沿口不齊的木桶，其存水量的多少，不取決於桶壁中最長的那塊木板，而取決於最短的那塊。這就是管理學中的「木桶理論」。我們的缺點，就是木桶壁中那塊最短的木板。

有人曾經說過，人本身就是帶著缺點降臨到這個世界上的，人生的過程就是在不斷改掉缺點、完善自己的過程，因此，敢於挖掘和暴露自己的缺點是非常有必要的。

幾千年來，很多哲學家都忠告我們，要認識自己。但是，大部分的人都是挖掘消極的一面，認爲只有這樣才是正確地認識自己。這是一種習慣型的思維誤區。認識自己的缺點是必要的，並可借此謀求改進和完善。但如果僅認識自己的消極面，就會陷入混亂，使自己變得沒有什麼價值感。因此，在正確認識自己的缺點後，就要設法去改變它，努力地轉劣勢爲優勢，成就自己美好的人生。

人生的過程就是在不斷改掉缺點、完善自己的過程，我們不僅要有認識自我缺點的習慣，還要養成善於「補短」的習慣。

不輕言放棄才能達到發揮優勢的目的

人總是在不斷挖掘自我的過程中，才能發現並塑造自己的優勢。而挖掘自我優勢與潛能是一個艱苦的過程，只有那些意志堅定，絕不輕言放棄的人才能獲得成功。

成功與失敗的分水嶺就是能否把自己的目標堅持到底。挖掘自我、實現自我就是使人的願望得到最大的滿足和潛能得到最大發揮。正是這種願望才使得人追求成功人生。

俗話說：「不經一番寒徹骨，怎得梅花撲鼻香。」在個人發揮自我優勢的道路上，總是充滿了各種考驗，受挫和失敗是難免的，很多人就是在這種考驗中敗下陣來。雖然我們都明白失敗是成功之母，但並不是所有人都能印證這個道理，成功只給堅持到最後的人。只要堅持到底，你才能達到發揮優勢的目的。

馬丁•強生環遊世界開始於十四歲。其父親在堪薩斯州獨立城做珠寶生意，他很小就幫助父親打理生意。

看著來自巴黎、巴賽隆納、布達佩斯的行李袋，想像著異國的情趣和多姿多彩的地方，他感到神迷。於是他離家出走，搭上前往歐洲的家畜船去了歐洲。到了歐洲後，馬丁•強生卻陷入了沒有工作可做的境地，就連溫飽都成了問題。

絕望中，他得了思鄉病。他溜進駛進紐約汽船的救生艇，原因是無計可施，只想回到故鄉堪薩斯州去。

然而，就在他搭乘該船時，發生了一件小事，這件事改變了他的一生，讓他開始了追求冒險的壯舉。他從向航海技師借來的雜誌上，看到了報導以《野性的呼喚》著名的作者傑克•倫敦所記載的事蹟。於是他在船身僅三十英尺長的「史納可號」上寫下了環遊世界的航海計畫。

強生回到故鄉獨立城後，立刻寫信給傑克．倫敦。幾張信紙洋溢著熱情——「我曾出國旅行，口袋裡只有三點零五美元，我由芝加哥出發，回來時還剩二十五美分。」

此後的兩個星期，他每天焦急地等待著回音。好不容易傑克．倫敦回信了。「會做飯嗎？」只是簡單的電報。然而，就是這一封沒有禮貌的電報改變了強生一生的命運。

其實別說做飯，就連煮白水蛋馬丁．強生都不會，他還是回了一封充滿自信的電報——「讓我試試！」

這封電報是強生自我激勵的開始，從此，強生努力不懈地朝著理想目標邁進。

打了電報後，他就到城裡的餐廳，觀看廚師工作。

不久，「史納可號」要橫渡太平洋駛往三藩市。當然，強生以伙夫兼清潔工的身份隨行。他施展所學，不論是烤麵包、菜肉蛋捲、肉汁或是布丁都會做。在出發前這些食用品均已買好，一面煮飯一面學習航海技術，他終於可以獨當一面了。一天，他展示技能，測定船位及畫海圖，當時船正順風在太平洋中駛往關島。但是，由他測定的結果，船卻大大改變了方向。

這次空前的大失敗，完全沒有讓他氣餒，他仍然在繼續少年夢想的冒險旅行。

幾十年來，他從南洋的珊瑚島，一直到非洲內地的叢林區，橫渡三大洋到世界各地流浪。他是美國最早深入非洲內地拍攝食人族電影的人。矮小人種的俾格米人、必須抬頭仰望的巨人族、大象及長頸鹿等非洲野獸，他全都拍攝成電影，並將這些影片在全美各地放映。

馬丁・強生的挖掘理想之路充滿了艱險和考驗，他沒有退縮，克服了種種困難，以頑強的意志和毅力實現了自己的願望。

有人說得好，成功者不過是爬起來比倒下去多一次而已。「咬定青山不放鬆，立根原在破岩中。千磨萬擊還堅勁，任爾東西南北風。」這首讚美青松的詩生動地表明，站穩腳跟，目標明確，就能傲風斗雪，立於不敗之地。你只要相信並堅持你的夢想，對目標不輕言放棄，便沒有辦不到的事。

一個二十三歲的女孩子，除了有著豐富的想像力之外，與別人相比沒有什麼不同，平常的父母，平常的相貌，上的也是平常的大學。大學的寬鬆環境讓她有了較多的時間去想像，她的腦海中常會出現童話中的情景：穿著白衣裙的美麗女孩、蔚藍的天空、綠綠的草地。當然，還有巫婆和魔鬼他們之間許多離奇的故事，她常常動手把這些想法寫下來，並且樂此不疲。

在大學裡，她愛上了一個男孩，他的舉止和言談和童話裡的王子一樣，他是她心目中的「白馬王子」，她很愛他。他卻受不了她的腦海中那荒唐且不切實際的想法，最後他棄她而去。

失戀的打擊並沒有阻止她的夢想和寫作。二十五歲那年，她帶著一些淡淡的憂傷和改變生活環境的想法，來到了她嚮往的具有浪漫色彩的葡萄牙。在那裡，她很快就找到了一份英語教師的工作，業餘時間繼續寫她的童話故事。

一位青年記者很快走進了她的生活，青年記者幽默、風趣而且才華橫溢。她愛上了他，他們很快步入了婚姻的殿堂。但她的奇思異想讓他苦不堪言，他開始和其他女孩來往。不久，他們的婚姻走到了盡頭，他留給了她一個女兒。

她經受了生命中最沉重的一擊。然而不幸的是，離婚後不久，她又被學校解聘了。無法在葡萄牙立足的她只得回到了自己的故鄉，靠領取社會救濟金和親友的資助生活。但她仍然沒有停止她的寫作，現在她的要求很低，只是把這些童話故事講給女兒聽。

有一次，她在英格蘭乘地鐵，她坐在冰冷的椅子上等誤點的地鐵到來，一個人物造型突然湧上心頭。回到家，她鋪開稿紙，多年的生活閱歷讓她的靈感和創作熱情一發不可收拾。

她的長篇童話《哈利・波特》問世了，並不看好這本書的出版商出版了這本書。沒想到，書一上市就暢銷全國，發行量達到了數百萬冊之巨，所有人都為此感到吃驚。這個女孩就是JK・羅琳，她被評為「英國在職婦女收入榜」之首；被美國著名的《富比士》雜誌列入「一百名全球最有權力的名人」，名列第二十五位。

成功者與失敗者之間最大的區別，通常並不在於智力，而在於沒有堅持下去。許多天資聰穎者就因爲放棄了，以致功虧一簣。成就輝煌的人絕對不會輕言放棄。

有許多人並不是沒有給自己設定目標，但他們沒有成功。這是因為他們做事有始無終，在開始做事時充滿熱忱，但因缺乏毅力，不待做完便半途而廢。若一個人常放棄他所期待的目標，那麼他就不會成為成功者，而只能是功虧一簣的失敗者，之前所有的努力都成了「白折騰」。因此，我們一旦認準了大目標，我們就應該堅持不懈幹下去，也許在奮鬥的過程中我們會遇到不同的困難，但我們絕不能輕言放棄，而應堅持到底。

把精力傾注在你的優勢上

如果你希望有所作為，那麼就要果斷取捨，把精力傾注在你的優勢才能上，不要在你不擅長的工作上消耗自己的人生。

在一般條件下，太陽光的溫度再高，也不可能將地球表面上的物體點燃。然而，用一面小小的放大鏡卻可以做到這一點。透過調整放大鏡與紙張間的距離，把所有的光線聚於一點，經過一段時間，紙就會燃燒起來。從理論上講，只要放大鏡足夠大，就可點燃或熔化任何東西。同理，當一個人將全部注意力集中在特定的目標上，就能自覺地制約自己，邁向設定的目標。

富蘭克林說：「有事可做的人就有了自己的產業，而只有從事天性擅長的職業，才會給他帶來利益和榮譽。」一個人做自己最擅長的事，是獲取成功的一大法則。只有做自己最擅長的事，才能在芸芸眾生中脫穎而出。

一個人的精力總是有限的，即使天才也是一樣。如果投入精力過於分散，就會像陽光散射在紙上；只有把精力集中到一點上，才有可能使事業之紙燃燒。要在認識自己的最佳才能、選準成才目標的前提下，集中精力去做重點突破。就像透過凸透鏡把眾多光束集中到一個焦點，從而引起燃燒一樣，人的智慧和力量也可以在「聚焦效應」作用下形成成才所需的必要能量。

也許你已經知道了專注的重要，知道了要在某一個領域深入鑽研的重要，但是單單將目光放在一條線上是不夠的，我們需要把能量聚焦在一個點上。

在一次公開的空手道表演賽中，黑帶高手以七段的實力，用手劈開十餘塊疊在一起的實心木板，贏得觀眾熱烈的喝彩聲。表演結束後，一位好奇的小男孩到後臺找這位空手道高手，請教他是如何做到的。

黑帶高手將十餘塊木板疊了起來，親切地看著男孩，問他：「如果你想劈開這疊木板，你的著力點會放在木板的哪裡？」

小男孩指著木板的中心部分：「這裡，我想一定要打在中心的這條線上。」

空手道高手笑道：「是的，木板架高時的中心線，的確是最脆弱的部分。不過，如果你只是將著力點放在這條中心線上，當你的掌緣擊中的時候，將遭受同等力道的反擊，且將令你的手掌因反彈而疼痛不已。」

小男孩不解地問：「那究竟該把著力點放在木板的哪個部分？」

空手道高手指著木板中心線上的一點說：「這裡，把你所有的注意力聚焦在整個中心線上的某一點。當你的注意力只看到木板的一點時，你所有的力量才能聚焦，才能獲得最大的效果。」

說著，空手道高手右手一揚，又劈開了那疊木板。

很多人以爲只要把注意力放到一條線上就夠了，但是每一個行業就有很多的領域，就像生物學可以劃分爲植物學和動物學，植物學可劃分爲藻類學、苔蘚植物學、蕨類植物學等；動物學劃分爲原生動物學、昆蟲學、魚類學、鳥類學，等等，必須把全部能量聚焦在一個點上，才能取得突破。可見只把精力專注在一個行業還不夠，更要把精力聚焦在特定領域上。

德國詩人歌德形象地說：「一個人不能騎兩匹馬，騎上這匹，就要丟掉那匹。」我們不可能無限地擁有生命，人的精力、時間總是有限的，生命也是有限的。只有科學地管理好自己的精力，利用好自己的精力，只有把有限的精力集中於某一項工作，才能取得突破性的進展，才能獲得持久的成功。

二〇〇六年，節目採訪中，百度李彥宏第一次在公開場合談起了自己的成功祕訣。

二十年來，李彥宏一直在用自己的行動實踐著這句話：「人一定要做自己喜歡並擅長的事情，從未離開自己喜歡的行業半步。」

百度二〇〇五年上市後，就不斷有人來勸李彥宏，「百度有錢了，應該涉足網路遊戲，多個賺錢的業務？」那時網路在中國已經非常熱，國內的網路企業紛紛投向網路遊戲營運商的行列。然而李彥宏的回答始終是No，理由很簡單，這不是百度所擅長的。

二〇〇七年，中國一家門戶網站自主研發的線上遊戲收入達到上千萬美元，在納斯達克一石激起千層浪，一條清晰的坐擁用戶群就可以賺到豐厚回報的贏利模式出現在大家眼前，這個行業更熱了，業界的大公司紛紛把網路遊戲定為戰略級產品部署重兵。

這天，有人拿著一組詳實的調查報告來找李彥宏，「從百度社區的用戶來看，其中很多人都是網路遊戲的玩家，他們每天花在網路遊戲上的時間比搜索和社區的都長，既然用戶有這方面的需求，我們是不是可以著手嘗試涉足網遊，讓他們在百度平臺上得到滿足？」

李彥宏仔細地看完數據，平靜地反問：「資料確實證明了需求，但是我們做網遊的優勢又在哪裡？」

「我們有這些用戶啊，其他這些網站也都談不上什麼優勢，只要有用戶、有需求，就可以營運起來了。」

李彥宏緩慢地搖了搖頭，坦白地說：「剛回國的時候我就已經看到了中國線民對網路遊戲的熱情高於其他任何國家的特殊形勢。但我自己從來不玩網遊，很長時間都搞不懂網遊。我想，對於這種自己都不喜歡，更不擅長的事，即使商業機會擺在那兒，我也肯定做不過真正喜歡它的人，所以我選擇了搜索。今天你讓我選，我還是會這樣選。」

「這個行業的利潤比我們做搜索高多了！我們有這麼充足的用戶需求，不做太可惜了。」李彥宏想了想說：「那麼，我們可以嘗試透過合作的方式，為網遊廠商提供一個推廣平臺，讓真正喜歡的人來做他們擅長的事，我們只在裡面起間接作用吧。」

於是，作為推廣方式的第一步，百度遊戲頻道誕生了。業界很多人分析百度要進入網遊領域分羹，分析師們也總是不停地探問，百度什麼時候開始進入網遊行業？而李彥宏從不為之所動，他的回答是明確的：「暫時沒有這個打算。」

出於同樣的原因，在二〇〇三、二〇〇四年好多人勸百度投入SP（移動網路服務內容應用服務的直接提供者）業務「撈錢」時，李彥宏都以「這不是百度擅長的事」為由拒絕了。

正是這樣的取捨，使百度能夠專注於自己喜歡且擅長的搜索領域，才取得了今天的市場領先地位。

每一個人都有自己的興趣、愛好，都有自己擅長做的事，因而要取得成功，就要把自己奮鬥的目標定位在自己熱愛的事業上，將自己的精力集中於一點。即使是天才，也要經歷十年的累積和磨煉，所謂十年磨一劍。

一個人要實現自己的價值，就應當珍惜這有限的時間與精力放在自己的優勢上，否則只是徒然地浪費時間。瞄準既定目標，向事業的主峰衝

刺。皮埃爾．居里曾說過：「要將自己當作一個陀螺，只圍繞一個中心旋轉。」保證重點是成功的規律。要巧妙運籌，隨時將次要目標讓位於首要目標。在攻克重點時，不要左顧右盼，徘徊彷徨，而要窮追不捨，直逼主攻目標。

適合自己的工作才是最好的工作

最大的幸運在哪裡？天賦好並不是最大的幸運，而能夠在正確的位置上發揮所長才是真正的幸運所在。因此，最好的工作並不一定是賺錢最多的，最體面的，但一定要是最適合自己的。

奧托・瓦拉赫是諾貝爾化學獎獲得者。瓦拉赫讀中學時，父母爲他選擇的是一條文學之路，不料一個學期下來，老師爲他寫下了這樣的評語：「瓦拉赫很用功，但過分拘泥，這樣的人即使有著完美的品德，也絕不可能在文學上發揮出來。」父母只好讓他改學油畫。

可是瓦拉赫既不善於構圖，又不會潤色，對藝術的理解力也不強，成績在班上是倒數第一，學校的評語是：「你是繪畫藝術方面的不可造就之才。」但是化學老師認爲他做事一絲不苟，具備做好化學實驗應有的品格，建議他試學化學。父母接受了化學老師的建議。這下，瓦拉赫的智慧火花一下被點著了。文學藝術的「不可造就之才」一下子變成了公認的化學方面的「前程遠大的高材生」。

這就是「瓦拉赫效應」：人的智慧發展都是不均衡的，都有智慧的強點和弱點，人一旦找到自己的智慧最佳點，使智慧潛力得到充分地發揮，便可取得驚人的成績。只有將精力傾注在自己的強項與優勢上，才是成功的關鍵。

無論做什麼事，都要自身的基本素質許可，如果是一些特殊的職業，對一個人的要求會更高。有的職業對身體素質要求比較高，如運動員、演員、飛行員、時裝模特兒等；有的職業對智力要求比較高，如科學家、作家、商業策劃人員、電腦專家等；有的職業則要求所從事的人員綜合素質好，如政治家、外交家、電視節目主持人、高級管理人員等。

還有一些特殊的職業，對人的某一個方面有特別的要求，一般人難以從事這些工作，如調酒員，則要求有獨特的味覺和嗅覺等。因而，光有愛好、興趣還遠遠不夠，必須具備從事這項工作所需要的身體或智力條件。就像很多人都羨慕運動員、演員的風光，但是，要想使自己成爲一個運動員或演員，並不是僅靠愛好就能夠做到的。

當然，具有良好的自身條件，並不意味著我們做什麼事都會成功，還需要一定的客觀條件許可才能成功。例如，農民種莊稼，關鍵是要有種子，但是有了種子不播種在田地裡是不行的，播種在土裡，如果季節不合適、沒有雨水、沒有陽光等仍然是不行的。可見，客觀條件跟主觀條件一樣重要。

據調查，有百分之二十八的人正是因爲做了自己最擅長的工作，才徹底地掌握了自己的命運，並把自己的優勢發揮得淋漓盡致，這些人自然都跨越了弱者的門檻，而邁進了成功者之列。相反，有百分之七十二的人正是因爲總是彆彆扭扭地做著最不擅長的事，因此，不能脫穎而出，更談不上成大事了。

百度公司創始人李彥宏說過這樣的話：「人生是可以走直線的，這條『直線』在自己心中。但我們的妥協、分心和屈從讓我們往往偏離了原來的軌道，浪費了很多時間。信念是強大的，一定要做自己喜歡並且擅長做的事，不要跟風，這就是我給大家的建議。」

每個人都有權利把生活打造成自己一個人的，而非其他人所期望的那樣。因爲他人的原因而放棄自己追求的理想，雖可能獲得一時的安然，但隨著心智的成熟與閱歷、知識的增加，就越來越會覺得被強迫選擇的目標是那麼乏味，從而喪失前進的力量。

有一天，孔子和子路、曾皙、冉有、公西華幾個弟子閒坐著聊天。

孔子說：「別因為我比你們年紀大一點就不放鬆地交談。你們平時不是總說沒有人瞭解你們嗎？如果有人瞭解你們，那麼你們打算做些什麼事情呢？」

子路率先說：「假設有個中等規模的國家夾在大國之間生存，遭到其他國家軍隊的侵略，接下來又遇上了饑荒，如果讓我去治理的話，那麼三年後，那裡的人民不僅勇敢善戰，而且還懂得為人處世之道。」

孔子聽了微微一笑，問冉有：「冉有，你的理想呢？」

冉有回答說：「如果讓我去治理一個小國，那麼我用三年的時間就能夠讓那裡的老百姓富足起來。至於他們的禮樂教化，恐怕我就力不能及了，只好等待修養更高的人去推行。」

「公西華，你怎麼樣？」孔子問公西華道。

公西華回答說：「不敢說我能勝任，但是願意學習。我願意穿著禮服，戴著禮帽，在宗廟祭祀的事務中，或者在諸侯會盟，朝見天子時做一個小的司儀。」

「曾皙，你怎麼樣？」孔子問曾皙道。

曾皙正在彈琴，見老師問自己，放下琴，起身回答說：「我和他們三位所想的都不一樣。」

孔子說：「有什麼關係呢？不過是各自談談自己的志向罷了！」

曾晳說：「我希望能夠在暮春時節，穿上已經做好的春服，無論老少，一同到沂水河裡洗澡，在舞雩臺上吹風，一路唱著歌回來。」

孔子長歎一聲說：「我贊成曾晳啊！」

屈原說：「民生各有所好兮，余獨好修以爲常。」每個人都有自己的志氣，有自己喜歡做的事情，子路、冉有和公西華其實都是表達了在政治上的志向，而孔子雖然嚮往的是曾晳所描述的那種生活，但是也尊重每個人的志願，說：「不過是各自說說自己的志向罷了！」

二十世紀五〇年代愛因斯坦曾收到一封信，信中邀請他去當以色列的總統。愛因斯坦毫不猶豫地予以拒絕。他在回信中寫道：「我整個一生都在同客觀物質打交道，因而既缺乏天生的才智，也缺乏經驗來處理行政事務及公正地對待別人，所以，本人不適合如此高官重任。」

愛因斯坦是一個傳奇，他是世紀之交眾多機構共同評選出的千年偉人。他的大腦至今保存在哈佛大學來研究，以此爲全人類認識人的大腦提供了一個模型。

愛因斯坦對物質世界有著深刻的認識，他這方面的洞察力超越了二十世紀幾乎所有的物理學家。以至於當一九〇五年他發表狹義相對論的論文時，全世界沒有幾個人能夠真正讀懂。而他對於相對論理論雛形的認識是從十六歲就開始了的。而更爲令人歎爲觀止的是，愛因斯坦對人的心靈世界的認識也是無與倫比的。他對想像力的本質和作用的認識也是超越了同時代所有的科學家和智者。他說：「想像力比知識更重要，因爲知識是有限的，而想像力概括世界上的一切，並且是知識進化的源泉。嚴格地說，想像力是科學研究中的實在因素。」這段話至今對科學教育的進步有著異乎尋常的作用。

而歷史學家則認爲，愛因斯坦是清醒而明智的，他的智慧和美德不僅在於他發現了相對論，還在於他明白自己適合什麼工作。他深深地知道自己能夠做什麼，不能做什麼。知道自己的天職和歷史方位。他一生都在最適合自己的位置上做正確的事情，這是成就愛因斯坦偉大的根本原因。

曾經有一個被老師們公認的「問題」孩子，被好幾所學校像踢皮球一樣踢來踢去。開始他也屈從於外來的評價，認爲自己非常笨。長到十幾歲，他發現自己天生對文字反應遲鈍，但是，對圖形很敏感，於是，他開始了獨特的自娛自樂——畫畫。在學校裡畫，回到家裡也畫，書上、作業本上，只要有空白的地方都被他畫得滿滿的。

後來，有一家媒體發現了他，並爲他開設漫畫專欄，漸漸的，他聲名鵲起，成了漫畫家。

他就是朱德庸，二十五歲紅透寶島。他的《雙響炮》《澀女郎》《醋溜族》等漫畫集一直暢銷。根據這些漫畫改編的電視劇風靡一時，「朱德庸」這三個字更是炙手可熱。

成功，從某種意義上來說，是尋找的藝術。在奮鬥的道路上，你若能夠看清自身的條件和優點，找到適合自己奔跑的那雙鞋，或許就成功了一半。

宋徽宗本來是個一流的畫家，但成了平庸的皇帝，還因爲懦弱無能成了金國的俘虜。這樣的人能算是成功嗎?幸運不在於辛辛苦苦，不在於千尋萬覓，而在於找到適合自己的工作。

卡夫卡是一個十分懦弱、膽怯、敏感的人，在他的親人看來，他是什麼也做不成的，然而正是他的這些弱點成爲他進行創作的優點，使他具有其他人所沒有的對世界的獨特感受，並在他的筆下表現了出來，這使他成爲舉世聞名的作家。

很多人在年少的時候雄心勃勃，爲自己制定了高不可攀的夢想。努力了一輩子也不能完成當初的夢想，何不實在一點，世界上不需要太多的總統、太多的CEO，適合你的工作才是最好的。

他出生於越南，六歲那年喜歡上了吹泡泡，他夢想著把泡泡吹得和天上的那道七色彩虹一樣美，發誓吹出世界上最美最美的泡泡。哥哥說「你的夢想是不可能實現的」，他並不氣餒，笑了笑，繼續吹他的泡泡。

就這樣，吹泡泡伴隨著他走過了童年、少年，直至成年。二十歲時，他成了世界上第一個把一種純屬消遣的遊戲變成特色表演藝術的人。為此，他贏得了最初的掌聲，但他沒有陶醉在掌聲中，而是一如既往地沉醉於自己的「泡泡王國」裡。隨著年齡的增長，他的想像力和吹泡泡技術也日臻成熟直至達到藝術的極限——

一九九二年，他吹出了周長二點三公尺的圓泡；一九九七年，他吹出了四十七公尺的長泡；二〇〇一年，他吹出了十一層的多層圓泡；二〇〇二年，他吹出了懸在空中的相連九泡；二〇〇五年，他將十八個人「裝」進了一個完整的「超級泡泡」裡；二〇〇六年，他又成功地將三十個人「困」在了十五個獨立的氣泡「巨籠」裡；此外，他還創造了持續時間最長的「泡泡」紀錄——整整三分鐘！而一般人則只能將泡泡的「壽命」維持幾秒鐘……迄今為止，他一共打破了十二項吹泡泡世界紀錄。

他就像一個神奇的魔術師，在現代聲光電的配合下，在舞臺上製造出了一幕幕不可思議的奇妙畫面：他可以讓泡泡化為一縷青煙飄浮在空中，還可以在大泡裡吹進一串漸小的紅、黃、藍、綠小泡；他可以把手伸進大泡取出裡面的小泡而不弄破大泡，或者把煙吹進泡裡後再戳個洞讓煙逸出；他甚至還能吹出方形泡、虹狀泡……

他出神入化、令人歎為觀止的吹泡泡技藝，贏得了全世界的喝彩。他先後上過許多國家的名牌電視節目，其中包括英國的BBC及中國的中央電視臺，等等。此外，他還經常到世界各地進行巡迴演出，並和廠商合作推出相關玩具和教學DVD。他甚至還將自己的「泡泡」搬上了美國紐約百老匯的舞臺。可以說，看似虛幻的泡泡，不僅幫他實現了兒時的夢想，還在無意中讓他馳名世界、名利雙收。

他就是被譽為世界上最偉大的泡泡大師——楊樊。

找對適合自己的最佳位置，發揮所長，就是把你最能表現，最可勝任，最具才情的一面顯露出來。吹泡泡這是人們不屑一顧的事情，然而，吹泡泡吹出了世界第一，吹出了超級藝術，吹出了世界紀錄，也奠定了一代泡泡大師楊樊的崇高地位。這時，又有誰還會對吹泡泡不屑一顧呢？楊樊就是吹泡泡王國中當之無愧的王者。

之所以有的人在事業上能夠取得輝煌的成就，就是因爲他們找到了適合自己的職業。凡是能夠在事業上有所作爲的人，都是能勝任自己工作的人。即使是世界上那些成就非凡的人，倘若他們選擇錯了職業選擇了一個他們的能力所不能勝任的或一個他們從沒受到過任何訓練的領域，他們也完全可能碌碌無爲，一事無成。

有時一個人竭盡全力去做一件事而沒有成功，並不意味著做其他事不會成功。如果選擇了一條不適合自己的道路，這就註定難以成功。寶貝放錯了地方便是廢品，要想有所作爲，關鍵是看你有沒有站對位置，而位置的對與不對，是根據具體的時間地點等要素的變化而變化的，一切都要恰到好處。

生活中，我們在選擇專業方向、工作單位、生活伴侶等的時候，都會面對這樣一個問題。什麼是最好的呢？其實，這個世界根本就沒有好的標準，只要合適，你就找到了最好。

著裝得體可以提升個人魅力

衣著打扮雖然是小節，但對每個人來說都是非常重要的，著裝得體不僅能美化自己，還能給人留下好印象，贏得他人的尊重。這對提升自己的個人魅力也是很有幫助的。

在日常生活中，我們常常聽到這樣的勸告：不要以貌取人。但是經驗告訴我們，人是相當容易以貌取人的。從人的審美眼光出發，愛美之心人皆有之，人們對美的認識，很多時候是從第一印象中萌發的，而人的著裝恰好承擔了這一「特殊」任務。

有許多人，常感覺自己的能力、人緣並不比同事差，但爲什麼升遷的機會落在能力遜於自己的人後？問題的答案可能和「衣著對事業成功的影響力」有關係。

爲美國財富排名的跨國公司提供諮詢服務的美國形象設計大師喬恩・莫利先生，曾就中上層階級和中下層階級著裝能引起什麼樣的待遇以及人們如何看待這兩個階層人的成功率作了上千份的試驗調查。

一、他調查了一六三二個人，讓人們看同一個人的兩張照片，他宣稱這是一對孿生子。一個穿著代表中上層階級的卡其色風衣，一個穿著代表中下層階級的黑色風衣。結果百分之八十七的人認爲穿卡其色風衣的人是個成功者。

二、他讓一百個二十歲左右的出身於美國中部中層階級的年輕大學畢業生，五十個穿著像中上層階級背景，五十個穿著像中下層階級出身，把他們送到一百個辦公室，聲稱是新來的公司助理，去檢驗祕書對他們的合作態度。讓這些年輕人給祕書下達「小姐，請把這些檔給我找出，我在××先生處」的指示，然後扭頭就走，不給祕書回答的機會。結果發現，只有十二個穿中下層服裝的人得到了檔案，而四十二個穿得像中上層背景的年輕人得到了檔案。顯然，祕書們更聽從那些穿中上層服裝的年輕人的指令，並與他們配合。

他的調查結果證明，人們本能地以外表來判斷、衡量一個人的出身和地位，並且由此決定了人們對你的態度。毫無疑問，上面的試驗中祕書們對服裝本身並沒有指點，但服裝標誌了穿衣人所代表的階層，這個標誌影響著他在社會上進行交往時留給別人的可信度，別人對他的態度和在需要與人配合時的效率。爲什麼我們把自己包裝成了看起來非常標準的商務人士，穿上了西裝，甚至是高檔名牌西裝，敏銳的人還能夠迅速地判斷出一個人的地位高低？爲什麼從他們的眼神中，我們能夠讀出：你這人真沒taste（品味）？

能夠把一個有品味、有修養、追求完美的成功者和一個暴發戶區分開，往往就是那些容易被我們忽略的小細節。一個大塊的、耀眼的腰帶扣和一個設計大方而傳統的腰帶扣的區別就是品味。

美國行爲學家邁克爾·阿蓋爾做過實驗：當他以不同的儀表裝扮出現在同一個地點，得到的回饋相當不同。當他身著西裝以紳士的面孔出現時，無論是向他問路還是打聽事情的陌生人都彬彬有禮，顯得頗有素養；而當他裝扮成流浪者模樣時，接近他或借錢的人以無業的遊民居多。

儘管不能以貌取人，但人際交往之中服裝表達出的意義勝過語言，完全可以透視出一個人的靈魂和內在氣質。何況，衣服可以掩飾身體上的缺陷，可以強調身體上的美點，可以增強當事人的權威，可以激發他人的認同，也可以減低對方的敵意，獲得對方的支援。但如果你不懂得透過服裝來展示自己，很可能就會得到相反的效果，所以無論你從事哪一種職業，你對穿著的問題都不可不理不睬。

克林頓的夫人希拉蕊，在克林頓當選之前，曾是女權運動者。她的服裝無意識中就展示了女權運動者的形象，她戴著學究式的黑色寬邊眼鏡，穿著具有女權主義形象的大格子西服。這種形象違背了美國人心目中高貴、優雅、母性的第一夫人的形象，曾一度影響了克林頓的選票。新的形象設計班順應美國人民的心理，用充滿女性韻味的色彩服裝代替了男性化的、乏味的女權主義服飾；爲她設計了時尙的髮式；用隱形眼鏡換掉了迂腐的學究式的黑邊眼鏡；用溫和改良主義的言辭代替了激進、偏激的語言。

希拉蕊的新形象接近了美國選民對於第一夫人的期望，她展示出的既有女性魅力又有女性的獨立、強大和智慧的形象爲克林頓的獲選做出了不可磨滅的貢獻。一位美國朋友由於對希拉蕊的喜愛而把選票投給了克林頓。世界上的成功者及領導者努力在外表上塑造自己形象的例子數不勝數。

正式的工作環境中，自然應選擇莊重、優雅的服飾。即使平常喜歡穿著隨意、不修邊幅的人，在莊重的社交場合也不應自作主張，那樣會使人產生不尊重別人的感覺。相反，在一些輕鬆、愉快的社交場合，或個人的業餘文娛活動中，則可選擇活潑、鮮豔、式樣時尙一些的服飾，使人感到富有生活情趣，不拘一格。

愛麗森・盧莉在《服飾的語言》中說：「大體上，一個人穿的衣服層數越多，他的社會地位就越高。」在西方，我們不難發現，穿著三扣三件套的西裝要比兩扣兩件套的西裝顯得更有品味。在穿西裝時，一定要注意上衣的衣領和襯衫的領子之間，不能分離，要時刻緊貼在一起。如果它們總是保持著一定距離，那麼只能說著裝者非常沒品味。

我們可以沒有奢華的享受，但是一定要講究生活情調，生活在品味中。良好的品味不是一夜之間產生的，有錢買不來高品味，這需要長期地培養。

對於一個現代職場人士來說，要注意在衣著服飾上下些功夫。穿一套好的服裝，會使你顯得精神抖擻，信心百倍，同時還會給人留下一種幹練的印象。

要穿較好的服裝。服裝品質反映出一個人的經濟狀況，一個人的經濟狀況，又反映出一個人的能力。能幹的人經濟狀況不會太差，服裝就不可能太糟。根據這種常識，我們一定要穿一流的服裝。當然我們所說的一流服裝，是相對於你所處的環境，所接觸的人而言的，只要在你經常接觸的環境裡算得上一流就可以了。選服裝要注意質的精良，做工考究，式樣莊重大方，不要穿一些奇裝異服，奇裝異服只能破壞你的形象。穿衣服還要注意搭配合理。不但服裝要講究，鞋子也要格外講究，不要只顧上不顧下。再來就是顏色搭配合理。什麼顏色的西裝配什麼顏色的領帶、襯衣等都要注意，不注意就會讓人感到彆扭。

無論在哪種場合，穿哪種衣服，保證服裝的整齊潔淨，是第一要素。也只有如此，才能保證服飾的美感。否則，無論你穿哪種品牌、質地、式樣、顏色的衣服，都會給他人留下不潔、不好的形象，讓別人從心裡否認了你的素質和修養，也就無所謂服飾美了。

得體的著裝是一種禮貌，也是一門藝術，不是擁有豪華衣飾就可以擁有動人風采，你要學會選擇那些最適合自己，能突出個人魅力的服裝來修飾自己。

用幽默的語言展示個人的才華與素養

幽默能打開初識之際的陌生局面，破解無話可說的尷尬氣氛，讓人們在激烈的論辯中巧言獲勝，在雅量的謔語中贏得愛人的芳心，在幽默的做事中換得和睦、幸福的家庭生活。

幽默以愉悅的方式向他人表達思想的高度與真誠，它就像是一座與外界萬物溝通的橋，可以填平人與人之間的鴻溝，可以潤滑人與人之間的關係，可以爲自己減壓，爲他人送去歡心，可以贏得一個智慧型的美好人生。幽默之所以被稱之爲一種智慧，是因爲幽默帶來的笑聲完全不同於小丑在眾人面前的耍寶，它需要在智慧積澱的思維基礎上，以優雅的風度來呈現出自己的睿智。幽默的語言特色往往是一語中的而又不失趣味。

幽默最基本的特點有以下兩點：

一、必須有趣味點

即是說幽默必須具有美感特徵，如果只是一味地用來諷刺他人而使自己開心，卻忽略了他人的感受，那樣的幽默會造成他人的厭惡與反感。

二、必須意味深長

幽默就像是一杯醇酒，越品越會擁有醉人的味道。幽默的智慧性來自於自身深刻的生活體驗、敏銳的洞察力與想像力、良好的素養與語言表達能力，以及優雅的風度與樂觀的情緒。

生活中的你，是整天一副嚴肅的表情，還是常能於妙趣橫生中化干戈爲玉帛呢？幽默並不僅僅是一種單純的說笑，它還是一種智慧的迸發、善良的表達，是交往的潤滑劑，更是一種胸懷和境界。幽默不僅能增加你和他人之間的友誼，更能使一些誤解得到消除。

某大學植物系有一位教授，開的課雖然是冷門課程，但只要是他的課，幾乎堂堂爆滿，甚至還有人站在走廊邊旁聽，原因並不是這位教授專業知識多淵博，而是他的幽默風趣傳遍了全校園，使得學生們都樂意上這位教授的課。有一次，該教授帶領一群學生深入山區去做校外實習。沿途看到許多不知名的植物，學生好奇地一一發問，教授都詳細地回答解說。一位女同學忍不住停下了腳步，對著教授讚歎地說：「老師，您的學問好深呀，什麼植物都知道得那麼清楚！」教授回頭眨了眨眼，扮了個鬼臉笑道：「這就是我故意走在你們前頭的原因了，只要一看到不認識的植物，我就『先下腳為強』，趕緊踩死它，以免漏底！」學生們聽了個個笑得合不攏嘴，這次實習之旅是一趟充滿了歡樂的豐富之旅。

當然，教授只是開了個玩笑，幽默了一下而已，但這就是他深受學生喜歡的原因。懂得將嚴肅擱在一邊，將幽默擺在中間，你我都可以成爲一個廣受歡迎的人！

幽默是一種智慧，幽默是一種藝術。有幽默感的人，善於不失時機地抓住有趣的一面，分寸得當地以詼諧的語言和動作，表達出自己的思想和意見。我們可能都有這樣的體會：幽默可以使人們之間的關係變得親切、和諧，幽默是增加你談吐魅力的一道耀眼的光芒。

那麼，幽默的智者自然會做到用自己的風趣去化解外界的敵意與尷尬，同時當別人在委婉、含笑的說話時，也能夠機敏地聽出話中之意、弦外之音。如果在交往中，該自己說句玩笑打破冷場的時候卻沉默，該自己對他人的幽默捧場的時候卻又一無所措，這樣的人無論有多智慧，充其量只能算是個高智商低情商的悶葫蘆。從歷史中證明，懂得解讀幽默風情的人，會受到更多人的喜歡與青睞。

有位哲人曾說過：「幽默，可以將兩個人的距離縮短為最小。」的確，人與人之間有時只是一轉身的距離，而幽默就能完成這種完美的轉身。幽默是人與人溝通時最好的潤滑劑，是最能打動人心的社交武器。有幽默感的人，更善於與其他人溝通，即便表達反對意見時也不會讓人反感；有幽默感的人，總會成為聚光燈下的主角，人人都願意和他們聊幾句；有幽默感的人，尷尬時刻善於自嘲，即便是在公共場合摔跤，也能從容站起來，一笑化解。

馬克・吐溫有一次到某地旅店投宿，別人事前告知他此地蚊子特別厲害。

他在服務台登記房間時，一隻蚊子正好飛來。馬克・吐溫對服務員說：「早聽說貴地蚊子十分聰明，果如其然，它竟會預先來看我登記的房間號碼，以便晚上對號光臨，飽餐一頓。」

服務員聽後不禁大笑。結果那一夜馬克・吐溫睡得很好，因為服務員記住了房間號碼，提前進房做好了滅蚊防蚊的工作。

我們在爲馬克・吐溫的機智話語大笑的同時，更應該想到機智思維的作用，機智的思維在瞬間就可以將一件平白無奇的事情，說得那麼有滋有味。不僅說的人開心，聽的人也輕鬆愉快，還能不費心力的就可以讓他人愉快的幫自己擺脫小麻煩。人們樂於同機智風趣、談吐幽默的人交往，因此要有足夠的幽默做人際關係的潤滑劑，能夠使你得到更多陌生人的關照。

幽默是一種生活態度，是一種笑面人生的生活態度。懂得幽默的人，不會因爲別人的冒失而抱怨，也不會被自己的曲折人生所嚇倒。世界在他們的眼睛中是彩色的，是充滿希望與美好的。人常說，「生活不是缺少美，而是缺少發現魅力的眼睛」，懂幽默的人就長了一雙發現美的眼睛，享受美的嘴巴。他們的幽默習慣，於己，讓日子多些樂趣；於人，彼此多些輕鬆。

有影響力的人不僅會受到他人的喜愛，更易得到別人的幫助，因爲他們很受眾人的歡迎。然而想要做一個受人歡迎的人前提是自己能帶給別人歡樂，能夠設身處地地爲他人著想。而一個真正懂得幽默的人必定含有不俗的素養與思想底蘊，必定能夠具備足以說服他人的氣場。

喬羽不但歌詞寫得好，而且話也說得妙，喬羽的幽默詼諧、能「侃」會說在京城文藝圈內久負盛名。

喬羽不是美男子，由於頭髮稀少，不熟悉他的人往往容易將六十五歲的喬羽判斷爲七八十歲的老人。但喬羽從未感到自己老了，他說：「我從十八歲就開始脫髮了，看來是不會再長了，索性毛全掉光，成了老猴子，倒用不著理髮了。我心裡從沒有感到老。年齡是你的一種心理上的感受，你覺得自己老了，即使年輕也就真的老了；你覺得自己還年輕，即使老了你也還年輕。」

這段話充分展示了喬羽樂觀向上的精神面貌，他善於幽默自己，他喜歡跟自己開玩笑，不言頭髮而稱「毛」，並自喻「老猴子」，讓人聞之不禁莞爾，而「倒用不著理髮了」一句則在幽默之中透露出了喬羽的豁達心境。正是憑藉這種真實的幽默，他送給了大家歡笑，贏得了大家的讚賞與歡迎，提升了自己的人格魅力，擴大了自己在圈子裡的名氣與影響力。

用幽默的風度向他人施予輕鬆，可以表達人類征服憂愁的能力，讓人如坐春風，神清氣爽，困頓全消，忘卻於現實中的不快。一個有魅力的人，當然也是一個幽默的讓你如沐春風的人。幽默的風格就如傳染病，透過快樂的病毒，侵犯到每一個人的免疫系統中，但是與病體不同的是，幽默不會讓你發燒，而會讓你渾身充滿陽光的力量。

當然，如果你並不是一個幽默的人，那麼你也不需要擔心，因為幽默是可以培養的，只要你注意豐富自己的知識，打開自己的眼界，開放自己的心靈，那麼你就可以從沉重的事物中發現輕鬆的東西，讓自己在交往中更有人情味，讓生活更有樂趣。

自我特色是贏得競爭的砝碼

很多時候，我們不是努力就能夠成功，不是聰明就能夠成功，不是學歷高、知識多就能夠成功，也不是經驗豐富就能夠成功，成功的關鍵在於能否發現和找到自己的生命特質——一個獨一無二的自我特色。

一個人的核心競爭力不僅僅是知識和做事能力，還包括那些別人學不到的，只屬於自己的特色。當一個優秀的人達到了一定程度以後，可能在人際關係上、技術上、管理方式上以及心理素質上都是旗鼓相當的，這時候靠什麼決定一個人的勝敗呢?那就是特色。一個人的特色往往能決定他的命運，決定他最終是勝出還是被淘汰。

自我特色就是你的特長。凡是特長就一定要特殊，要與眾不同，要超凡脫俗，要出類拔萃。哈佛大學一位校長曾將學校一年一度的最高獎項頒發給了一個做蘋果醬的女生，很多人感到不可思議。校長的解釋是，哈佛的學生必須有特長，沒有特長的人才是不可思議的。而特長是不分大小，不分高低貴賤的。這就是美國人的教育觀和人才觀。有特長意味著有本領，意味著能夠爲社會做更多貢獻。這種人才觀與我們一味重視高學歷的人才觀相比，是值得我們深刻反思的。

有的人，憑著一往無前的拼搏精神和敢闖敢幹的個性來勝出；有的人，憑著用不盡的激情和熱情的性格來勝出；有的人，憑著冷靜、嚴謹的個性來勝出；有的人，憑著靈活而機智的個性來勝出；有的人，憑著泱泱大度的個性來勝出；有的人，憑著真誠守信的個性來勝出。那麼你想好了嗎？你將憑著什麼個性來勝出？什麼特質將成爲你的自我特色？

有人能夠很快意識到自己的個性特色，發現目前的選擇並不能最大限度地實現自己的人生價值，並不能使自己的能力和天性得到充分發展時，及時改變了自己的職業選擇。在許多知名作家當中，沒有幾個是科班出身的，大都是從小就對文學迷戀得如癡如醉。他們中的許多人曾經是工人、機關幹部、研究人員，有的已經在某一領域做得相當不錯。但是，他們明白自己的最佳潛質是什麼。所以，只有果斷撥轉自己的航程，最終才能走向成功。

達爾文在很小的時候，就對動植物有著特別的興趣。他經常趴在地上觀察動物的爬行、飲食、睡眠，觀察植物的發芽、開花，一觀察就是半天，樂此不疲。到了上學的年齡，父親希望他學習宗教，從事神學研究，可是達爾文對枯燥的宗教經典甚是反感，依然繼續從事他的動物觀察研究。終於有一天，父親忍無可忍，大聲呵斥道：「你放著正經事不幹，整天只管打獵、玩狗、成什麼體統！」但倔強的達爾文依然我行我素，繼續進行他的科學研究。

後來，事情終於有了轉機。一天，達爾文得知有一艘船即將開始環球航行，於是他毫不猶豫地告別家鄉，踏上了航行的船。每到一地，他都仔細地觀察那裡的動物、植物，觀察那裡的地質構造，採集標本，並寫下了大量的筆記。航行中，達爾文開闊了視野，解決了心中長久的疑惑。當他回國時，帶下船的動植物標本、地質岩石樣品足足裝了幾駕馬車。

從此，達爾文不再顧及家庭及社會的反對，埋頭鑽研，終於發表了震驚世界的《進化論》，由此開創了新的時代。

由此可見，找到自己的特色是何等重要。有些人一輩子庸庸碌碌，到頭來卻一事無成。雖然並沒有什麼過錯，但成就也寥寥無幾。徹底反省自己，就會發現這歸根結底還在自己沒有很好地認識自己、把握自己。

年輕人不要輕視自己的個性特色，一定要著力培養自己本該有的特質。很多年輕人都推崇「中庸」之道，認為沒有特色就是最大的特色。一個人做人儘管可以「低調」、「中庸」，但是做事卻應該有自己的特色，或者謹慎周密追求完美，或者眼光準確、決策迅速，或者雷厲風行、做事果斷，而不應該畏懼別人的眼光，讓自己成為一個毫無特別之處的人。

你或許還不是金子，但要成為發光的種子

不少人喜歡說：「是金子在哪裡都會發光。」可是，我們也要承認，大多數人都不認為自己是「金子」。大多數人並不是生下來就具有某種天賦，但只要透過自己的勤奮，就可以發揮出最大的能量。這種人就像種子，它們總有一天會生根發芽，開花結果。

金子的優勢在於它的價值，種子的優勢在於它的潛力。金子之所以有價值，之所以昂貴，完全是它的自身條件決定的。金子承擔的是交換價值的角色，它本身沒有任何價值，因爲它儲量少、體積小、密度高、難分

割，才能夠擔當交換價值這一角色。這就像某些天才，因爲天生擁有異於常人的天賦，比如對數位、語言或其他方面有非常高的敏感度。可是，這個世界上天才畢竟是少數，即使天才也需要勤奮努力，才能取得一定的成就。

著名的雜交水稻之父袁隆平有一句名言：「人就像一粒種子，健康的種子，身體、精神、情感都要健康。我願做一粒健康的種子！」金子有再多的光芒，價值終究有限，而健康的種子則代表了無限的可能。這個世界上不可能到處是金子，然而每個人都能透過自身的努力當好一粒能夠生根發芽的種子，從而爲這個世界增添價值。

Google前全球總裁李開復攻讀博士學位時，透過自己的努力，把語音辨識系統的識別率從以前的百分之四十提高到了百分之八十，學術界對他的工作給予了充分的肯定。當時，他的老師認爲，只要把已有的結果加工好，寫好論文，幾個月之內他就可以拿到博士學位了。

但是，李開復很清楚，第一步的成功給他提供的只是一個機遇，而不是一個答案，因爲百分之八十的識別率雖然已經很優秀了，但絕不是最後的最佳結果，因爲他用的方法只是冰山一角。而且，他已經公開發表了研究成果，每一個研究機構都會學習、使用他的方法，所以，如果李開復當時放鬆下來，不再做實驗，埋頭寫論文以求儘快畢業的話，別的學校或公司很快就會超過他。

然而，李開復不但沒有放鬆，反而更加抓緊時間研究攻關，甚至爲此推遲了他的論文答辯時間。那時候，他每週要工作七天，每天工作十六個小時。這些努力沒有白費，它們讓李開復的語音辨識系統百尺竿頭更進一步，識別率從百分之八十提高到了百分之九十六。在李開復畢業後，這個系統多年蟬聯全美語音辨識系統評比的冠軍。

如果李開復當時在百分之八十的水準上止步不前，驕傲自滿，而不去做得更多更徹底的話，他就不能取得輝煌的成果。許多成功的人都知道要想使自己平凡的工作不再平凡，就要比別人付出得更多。

一個人如果總抱著「是金子在哪裡都會發光」的心態，就難免會驕傲自大，不屑於那些平凡的工作，抱怨沒有伯樂來賞識自己這匹「千里馬」，覺得自己懷才不遇，漸漸的，就會變得消沉，這時候就算你真的是一塊金子，也會蒙塵，從而更加不會被人發現和重視了。現在的一些人往往心高氣傲，總有一種優越感，而且越是學歷高、學習成績好的往往越是驕傲。其實，如今，不用說受過高等教育的人越來越多，就算是海歸也隨便就能碰到，因此一個人過去所受過的教育並不能說明他就是「一匹千里馬」。就業就像將一盤原本下到輸贏已定的棋局一下攪散，重新開局。這時，決定勝負的並不是你原來取得的成績，而是你以後需要做的努力。然而現實中，人們對自己的缺點和不足常常視而不見，而把一切挫折、錯誤原因歸結於外在環境，歸結於其他人。

休斯・查姆斯在擔任銷售經理期間，曾遇到過這樣的情況：在外頭負責推銷的銷售人員銷售量開始急劇下跌。

首先，他讓手下最佳的幾位銷售員說明銷售量為何會下跌。每個人都開始抱怨商業不景氣，資金缺少，人們的購買力下降，等等。聽完他們描述的種種困難情況後，查姆斯先生說道：「停止，我命令大會暫停十分鐘，讓我把我的皮鞋擦亮。」

然後，他命令坐在附近的一名小工友把他的擦鞋工具箱拿來，並要求這名工友把他的皮鞋擦亮。在場的銷售員都嚇呆了。那位小工友先擦亮他的第一隻鞋子，然後又擦另一隻鞋子，表現出一流的擦鞋技巧。

皮鞋擦亮後，查姆斯先生給了小工友一毛錢，然後說道：

「我希望你們每個人好好看看這個小工友。他擁有在我們整個工廠及辦公室內擦鞋的特權。他的前任，年紀比他大得多，儘管公司每週補貼他五元的薪水，而且工廠裡有數千名員工，但他仍然無法從這個公司賺取足以維持他的生活的費用。

「這位小男孩不僅可以賺到相當不錯的收入，既不需要公司補貼薪水，每週還可以存下一點錢來，而他和他的前任的工作環境完全相同，也在同一家工廠內，工作的對象也完全相同。

「現在我問你們一個問題，那個前任男孩拉不到更多的生意，是誰的錯？是他的錯還是顧客的錯？」

那些推銷員回答說：「當然是那個男孩的錯。」

「正是如此。」查姆斯說，「現在我要告訴你們，你們現在推銷收銀機和一年前的情況完全相同：同樣的地區，同樣的對象以及同樣的商業條件。但是，你們的銷售成績卻比不上一年前。這是誰的錯？是你們的錯，還是顧客的錯？」

推銷員們異口同聲地回答：

「是我們的錯！」

結果，可想而知，他們成功了！

你要明白，所有問題，其根源都在於你自己。想要成功，先評估自己的能力，然後分析一下爲什麼自己的能力無法施展，是沒有恰當的機遇還是環境的限制？

你的社會地位和原來的成績可能在就業之路上起到一定的作用，但它們的作用是有限的，最終只能取決於自己的努力。把自己當成一塊等待發現的金子，等於把自己的命運交到了別人的手裡，把自己的前途寄託於一雙能夠發現你的眼睛，這樣的心態，你覺得有可靠的前途嗎？

如果一個人，對環境和薪水不能使自己滿意的工作，都十分地認真努力，絲毫不會馬虎，那麼對於各方面都滿意的工作，他就會更加用心。這就是種子心態，「人就像粒『種子』，無論環境好不好，土壤是否適宜，他都會發芽，都會更茁壯的成長，這就是種子的價值所在。」如果年輕人都抱著這種態度做事的話，那麼他就能很快被生命中的伯樂所發現，從而實現他的價值。

李思林大學畢業後在一家保險公司做業務代表。這是一項很讓人頭痛的工作，因為很多人都對保險業務員敬而遠之，所以，李思林的工作開始起來很困難。

辦公室的其他業務員整天對自己的這份工作抱怨不停：「如果我能找到更好的工作，我肯定不會在這裡待下去。」「那些投保的人，太可惡了，整天覺得自己上當了。」當然，這些人只能拿到最基本的薪水。

唯有李思林和他們不一樣。儘管李思林對現狀也不是很滿意，薪水不高，地位不高，但是李思林沒有放棄，因為他知道，與其說是放棄工作，不如說是在放棄自己。在這個世界上，沒人強迫你放棄自己，除非你主動為之。因為李思林還相信，努力是沒有錯誤的，努力還會讓平凡單調的生活富有樂趣。

於是，李思林主動去尋找客戶源。他熟記公司的各項業務情況，以及同類公司的業務，對比自己公司和其他同類公司的不同，讓客戶自己去選擇。雖然一些人很希望多瞭解一些保險方面的常識，但是他們對保險業務員的反感使他們在這方面的知識很欠缺。李思林知道這些情況後，主動在社區裡辦起「保險小常識」講座，免費講解。

人們對保險有了更多的瞭解，也對李思林有了好印象。這時，李思林再向這些人推銷保險業務，大家沒有反感，而是樂於接受。李思林的工作業績突飛猛進，當然薪水也有了很大的提高。

當你嘗試著全心全意去做一個事情的時候，你就會發現，你自己還

有很多的潛能沒有發揮出來，你要比自己往常出色很多倍，你會在平凡單調的工作中發現很多的樂趣，最重要的是你的自信心還會得到提升，因爲你能做得更好。誰都無法確定自己是一個天才，但只要足夠用心，你會發現自己的潛力是無限的。

任何事物都有它的優勢和劣勢，任何事情都有它的優點和缺陷，世間沒有完美的東西。有許多人能夠將事情做得很好，甚至達到完美，不是因為事情改變了，而是他們自己努力了。只有先靜下心來分析自己，並下定決心去改變自己，付諸行動，我們才能向所希望的方向發展。

榜樣可以有，但是一味模仿會死得更快

模仿是人腦中的牢籠，當人腦沉湎於模仿的牢籠中，就會受到許多局限，造成思維停滯不前。聰明者應該積極地給自己「換腦」，勇於從模仿的觀念中走出來，突破自我，讓自己有一個全新的開始。

榜樣是一種向上的力量，是一面鏡子，是一面旗幟。可以想像，如果人人都向比爾・蓋茲學習，必將產生更多的發明創造，爲社會帶來更多的物質財富，同時推動人類社會整體發展水準的提高。

榜樣好比人生的座標，事業成功的嚮導。我們可以學習榜樣，卻不

能一味模仿他人。從榜樣身上，我們學到的是無盡的銳氣、朝氣，必勝的信念，是永無止境的力量源泉；但是一味地模仿，只會讓我們迷失自我的個性。

鸚鵡一度被認爲是智商頗高的一種鳥，因爲它可以「說話」。久而久之，人們發現，鸚鵡其實只會一味地模仿別人說話，從不會創造。現實生活中，也有很多人像鸚鵡一樣，他們總是喜歡依照他人的足跡行走，沿著他人的思路思考。他們認爲，「模仿」可讓自己省心省力，是走向成功、創造卓越人生的一條捷徑。豈不知，「模仿乃是死，創造才是生」。

對於任何人來說，只一味模仿都是極愚笨的事，它是創造的勁敵，它會使你的心靈枯竭，沒有動力；它會阻礙你取得成功，干擾你進一步的發展，拉長你與成功的距離。專事效仿他人的人，不論他所模仿的人多麼偉大，也絕不會成功；沒有一個人，能依靠模仿他人成就偉大的事業。

有一位商人，帶著兩袋大蒜，騎著駱駝，一路跋涉到了遙遠的阿拉伯。那裡的人們從沒見過大蒜，更想不到世界上還有味道這麼好的東西，因此，他們用當地最熱情的方式款待了這位聰明的商人，臨別贈予他兩袋金子作為酬謝。

另有一位商人聽說了這件事後，不禁為之動心。他想：大蔥的味道不也很好嗎？於是他帶著蔥來到了那個地方。那裡的人們同樣沒有見過大蔥，甚至覺得大蔥的味道比大蒜的味道還要好！他們更加盛情地款待了商人，並且一致認為，用金子遠不能表達他們對這位遠道而來的客人的感激之情，經過再三商討。他們決定贈予這位朋友兩袋大蒜！

步人後塵者，便如東施效顰，只能收穫兩袋大蒜，模仿是妄想成功的懶人最容易想到的捷徑。整日裝在別人套子裡的人，永遠不會披上爲自己量身定做的彩衣。一味模仿別人而不能創新，那只能成爲別人的影子。

將視角從模仿的思維移開，向旁邊看一看，往往就可以看到一片新的天地。下面這家企業的員工，顯然也是善於從模仿中突圍的。

一家公司打算生產番茄醬，可是市場上已經有各式各樣的番茄醬，它們在包裝、價格、行銷手段等方面已經「打得不可開交」，如何才能讓自己的產品投入市場後受到消費者的關注呢？

這時，一名叫作漢斯的員工出了一個好主意：不在包裝和價格上做文章，而在番茄醬本身上做文章，把番茄醬做得特別濃，口感也比較濃重。

果然，這種番茄醬投入市場後，立刻因為獨具特色而被消費者認識了。但是，隨後，問題又出現了。因為此種番茄醬流速太慢而引起消費者不滿，人們紛紛抱怨這種牌子的番茄醬「傾倒的時間太長」，而其他產品沒有這種毛病，因而該種番茄醬的銷售受阻。

面對這種情況，公司老闆一時拿不定主意，是改變番茄醬配方，降低番茄醬濃度，還是改變包裝，使之容易倒出？但不論哪一種方案，都將使「漢斯」番茄醬失去特色。這時，仍是漢斯又想出一個妙招，既不改變包裝，也不降低濃度，而是因勢利導，改變廣告宣傳重點。在廣告中指出，這種番茄醬之所以流速慢，是因為它比別的番茄醬濃，味道也比稀的好，廣告中公然宣稱，該種番茄醬是流動最慢的番茄醬。如此，不僅不把消費者抱怨的「流速慢」視為短處，反而使之優於其他番茄醬。這個廣告刊出後，果然效果奇佳，市場佔有率從原來的百分之十九迅速上升為百分之五十。

想要與眾不同，關鍵在於找準自己的定位，樹立自己獨特的特點，並在這個區別於別人的特點上做足功夫，功夫到家了，開闢「與眾不同」的工程自然也就成了。

洛克菲勒有句名言：「如果你想成功，你應闢出新路，而不要沿著過去成功的老路走……即使你們把我身上的衣服剝得精光，一件也不剩，然後把我扔在撒哈拉沙漠的中心地帶，但只要有兩個條件——給我一點時間，並且讓一支商隊從我身邊經過，那要不了多久，我就會成爲一個新的億萬富翁。」走別人沒走過的路，意味著你必須面對別人不曾面對的艱難險阻，吃別人沒吃過的苦，但也唯有如此，你才能夠發現別人不曾發現的東西，達到別人無法企及的高度。

一味模仿不是良藥，用心去尋找創新，才是讓自己的個性獨一無二的祕訣。任何困難都不會成為前進的障礙，只會成為激發創意的元素。「智慧是美的，因為是創造；創新是美的，因為是智慧。」在生活中，只有那些摒棄一味模仿，擁有「與眾不同」的智慧的人才能在生存的天空中自由翱翔。

即使屢遭打擊，也要不斷鼓勵自己

大部分人在一生中都不會一帆風順，難免會遭受挫折和不幸。成功者和失敗者非常重要的一個區別就是：失敗者總是把挫折當成失敗，從而使每次挫折都會動搖他勝利的信念；成功者則是從不言敗，在一次又一次挫折面前，總是不斷鼓勵自己，對自己說：「我不是失敗了，而是暫時還沒有成功。」

在人生旅途中，難免會有各種打擊與失敗。每個人都可能遭受失敗的打擊，那種的滋味真是不好受。如果一次小小的打擊就把你打倒，那也未免太不值得了。

二○○二年馬雲在寧波會員見面會上說道：「實力是失敗堆積起來

的，一點一滴的失敗就是一個人的實力、一個企業的實力。我想，如果我年紀大，我跟孫子吹牛說你爺爺做成多麼大的事情。孫子會說『這一點也不厲害，那時剛好是網路大潮來了有人給你投資』。當你講當年有哪些失敗的事情出來，犯了哪些很嚴重的錯誤，他可能會很崇拜地看著我。一個人最後的成功是有太多慘痛的經歷。」確實如此，打擊並不可怕，失敗也並非終點，可怕的是我們一蹶不振。成功和失敗，是硬幣的兩面，拋硬幣不會總是一面向上，所以一個人不會總失敗，也不會總是成功，關鍵是要在失敗中不斷鼓勵自己，然後等待成功的那一面翻過來。失敗的風險無處不在，但是實力就是靠不斷失敗累積起來的，因而獲得成功的人不怕失敗。

美國著名電臺廣播員莎莉・拉菲爾在她三十年的職業生涯中，曾經被辭退十八次，可是她每次都放眼最高處，確立更遠大的目標。最初由於美國大部分的無線電臺認為女性不能吸引觀眾，沒有一家電臺願意雇用她。

她好不容易在紐約的一家電臺謀求到一份差事，不久又遭辭退，說她跟不上時代。莎莉並沒有因此而灰心喪氣，她總結了失敗的教訓後，又向國家廣播公司電臺推銷她的節目構想。電臺勉強答應了，但提出要她先在政治台主持節目。「我對政治所知不多，恐怕很難成功。」她也一度猶豫，但堅定的信心促使她去大膽地嘗試了。她對廣播早已經輕車熟路，於是她利用自己的長處和平易近人的性格，大談即將到來的七月四日國慶日對她自己有何種意義，還請觀眾打電話來暢談他們的感受。聽眾立刻對這個節目產生興趣，她也因此而一舉成名。

如今，莎莉・拉菲爾已經成為自辦電視節目的主持人，曾兩度獲得重要的主持人獎項。她說：「我被人辭退十八次。本來可能被這些厄運嚇退，做不成我想做的事情，結果相反，我讓它們鞭策我勇往直前。」

有些人總把眼光拘泥於挫折的痛感之上，他就很難再抽出身來想一想自己下一步該如何努力，最後如何成功。

面對打擊與失敗，你應該鼓勵自己，不灰心，勇敢地站起來，好好檢討失敗的原因，並且把這些缺點改正過來，再好好努力，將來總會成功的。

一、明白自己為什麼受打擊，為什麼會失敗。

俗語說：「失敗爲成功之母。」拿破崙・希爾說過：「千萬不要把失敗的責任推給你的命運，要仔細研究失敗的實例。如果你失敗了，那麼繼續學習吧，可能是你的修養或火候還不夠的緣故。你要知道，世界上有無數人，一輩子渾渾噩噩、碌碌無爲，他們對自己一生平庸的解釋不外是『運氣不好』、『命運坎坷』、『好運未到』。這些人仍然像小孩那樣幼稚與不成熟，他們只想得到別人的同情，簡直沒有一點主見。由於他們一直想不通這一點，才一直找不到使他們變得更偉大、更堅強的機會。」可見，失敗並不可怕，可怕的是你就此放棄自己。

二、把失敗與打擊看成成功的養料。

有事做就會有失敗困難，一個人坐下或躺下不動，當然不用擔心被其他東西撞倒。但如果他想做點什麼，就必須站起來前進，這就會有被路上的石子絆倒，或被路旁的荊棘紮傷的可能。這並沒有什麼大關係，因爲有了這種挫折的歷練，以後再走路時就會振奮起頑強的精神。即使下次再遇到別的失敗與障礙，也和第一次一樣充滿激情，積極應對，在一次次的歷練中成長、壯大，爲成功打下堅實的基石。總之，實力是在「屢敗屢戰」中成長起來的。所以，當你鼓勵自己，正視失敗，並把失敗看作實力的營養時，成功就會蒞臨在你頭上。

三、樹立堅定的信心。

其實成功者也同樣遭遇過失敗，但堅定的信心使他們能夠透過搜尋薄弱環節和隱藏的「門」，或透過吸取教訓來獲得成功。鴻運高照其實是他們信心堅定的結果。雷根的成功經驗表明：信心對於立志成功者具有重要意義。信心的力量在戰鬥者的鬥爭過程中起決定作用，事業有成之人必定是有信心之人。

在邁向成功的征途中，荊棘有時比玫瑰花的刺還要多。它們擋在你面前，正是考驗你究竟意志是否堅定，力量是否雄厚。這時你應當堅信，任何障礙，只要你不氣餒、不灰心，終究有法子排除。

只要兩眼緊盯著目標，堅決認為自己一定有自信力，一定有成就事業的能力。你要排除一切旁人的意見，打消一切莫須有的空念頭，遇事立刻做出判斷，時時顯現出對任何事都有把握的態度，切勿氣餒。你所下的決心，必須堅定如山，無論你受到何種打擊與引誘，都不可再動搖——這是戰勝一切的訣竅。世上真不知有多少失敗者，只因沒有堅強的自信力，最終只能成為心神不定、猶豫怯懦之輩，他們三心二意，永無決定事情的能力。他們自身明明有著一種成功的潛能，卻被自己活生生地推了出去。

無論你經歷了怎樣的失敗，都要相信「我能行」！你昂起的頭，切勿被窮苦壓下去；你堅決的心，切勿因惡劣的環境而屈服。你應該相信自己，養成一種堅強有力的個性，把曾被你趕走的自信力和一切因此喪失的潛能重新挽救回來，讓它們在你身上重新燃起成長的熊熊大火，照亮你走向成功的征途。

著名的鋼鐵大王卡內基經常提醒自己的一句箴言是：「我想贏，我一定能贏。」結果，他真的贏了。在這裡，很重要的一點就是他排除了自己「不可能贏」的想法，並且願意付出努力，將所謂的「不可能」變爲「可能」！

四、正確認識逆境與磨難，化痛苦為力量。

「美國將軍的搖籃」——西點軍校這樣教育學員：「面對逆境你必須振作精神，跟命運搏鬥，只有把痛苦化爲力量，才能有所建樹。成功者大都起始於不好的環境並經歷許多令人心碎的掙扎和奮鬥。他們生命的轉捩點通常都是在危急時刻才降臨。經歷了這些滄桑後，他們才具有了更健全的人格和更強大的力量。」

身體的磨難有時還讓人可以忍受，但一個人往往被精神的磨難擊垮。也許一個人面臨的最大逆境就是走一條沒人認可的道路，沒有人支持、孤獨地前行，甚至做出了成績卻無人爲自己喝彩。精神的折磨與壓抑最容易讓人再無站立起來的信心。

卡內基認爲，雖然我們不能禁止別人對自己有不公平的責難，卻可以決定要不要讓那些不公平的責難困擾自己。情感智商高的人，往往從積極的方面去理解別人的批評，包括那些不公正的責罵。他們會把別人的批評，看作是改進自己的工作、完善個性、克制情緒、提高心理承受力以及激發鬥志的機會。面對非議卻堅定自己的信念，堅持自己的選擇，你就已經具備了衝破逆境的桎梏，走向成功的精神力量。人言並不可畏，挫折只是暫時，只有經歷風雨才能見到天邊美麗的彩虹。

荷馬是古希臘偉大的詩人，《荷馬史詩》是全人類的文化遺產，而荷馬本身的經歷同樣是人類歷史上不可多得的精神財富。西元前八七〇年，荷馬出生於希臘境內小亞細亞的一個世襲貴族家庭，從小就受到良好的教育。然而，正所謂天妒英才，幸運的女神並沒有一直垂青這個孩子。就在他風華正茂的少年時代，小亞細亞城邦發生了一場可怕的瘟疫，這場災難整整持續了半年多，一個又一個鮮活的生命被死神帶向了黑暗的深淵。荷馬也不幸染上了瘟疫，父母請來了最好的醫生爲他診治，然而雖然荷馬的生命保住了，但他一雙明亮的眼睛卻永遠失去了光彩。

面對命運的不公，荷馬曾選擇了放棄，但母親的一席話讓他又重燃生命之火，「厄運是魔鬼，它奪走了你的光明。厄運也是天使，它是一座深不可測的寶藏。要在厄運中趕走魔鬼、擁抱天使，最重要的美德就是堅韌。」

透過三年的學習，聰慧的荷馬已經比較熟練地掌握了彈琴的技巧，並且學會了用詩歌來吟唱故事。他的琴聲和歌聲都極有魅力，很快就引起了人們的關注。爲了吟唱詩歌和收集古老的故事，十七歲的荷馬離家遠行。從此，他風餐露宿，歷盡千辛萬苦，走遍了整個希臘的大地。在廣泛收集民間故事的基礎上，荷馬用自己豐富的想像力和非凡的文學才華，創作出了兩部史詩——《伊利亞特》和《奧德賽》，這兩部永留青史的輝煌史詩，成爲人類文明中的一枝奇葩，它的光輝永遠照耀著人們的心靈。

正如荷馬所說的，厄運既是魔鬼也是天使，不同的人有不同的觀點和態度。就悲觀者而言，逆境是生存的煉獄，是前途的深淵；就樂觀的人而言，逆境是人生的良師，是前進的階梯。逆境具有二重性，就看人怎樣正確地去認識和把握。古往今來，凡立大志、成大功者，往往都飽經磨難，備嘗艱辛，化痛苦爲力量的傑出人物。

通往成功的道路從來就不會是一帆風順的，人生必須渡過逆流才能走向更高的層次，最重要的是永遠看得起自己。當人生遭遇逆境的時候，你要直面挫折，挺直脊樑，以昂揚的鬥志和積極的心態，從逆境中闖出來。

我們每個人都難免會遇到挫折與失敗，每個失敗，每個打擊，都有其意義。困苦能孕育靈魂和精神的力量。所謂精英，都是不斷挑戰失敗，不斷地在一次次失敗中爬起來，不斷攀登的人。一個暫時失利的人，如果繼續鼓勵自己努力奮鬥，打算贏回來，那麼他今天的失利，就不是真正失敗。相反的，如果他失去了戰鬥的勇氣，那就是真輸了！

謝謝你不喜歡我：學會不抱怨的生活（讀品讀者回函卡）

- 謝謝您購買本書，請詳細填寫本卡各欄後寄回，我們每月將抽選一百名回函讀者寄出精美禮物，並享有生日當月購書優惠！
想知道更多更即時的消息，請搜尋"永續圖書粉絲團"
- 您也可以使用傳真或是掃描圖檔寄回公司信箱，謝謝。
傳真電話：（02）8647-3660　　信箱：yungjiuh@ms45.hinet.net

◆ 姓名：　　□男　□女　　□單身　□已婚

◆ 生日：　　□非會員　　□已是會員

◆ E-Mail：　　電話：（　）

◆ 地址：

◆ 學歷：□高中及以下　□專科或大學　□研究所以上　□其他

◆ 職業：□學生　□資訊　□製造　□行銷　□服務　□金融
□傳播　□公教　□軍警　□自由　□家管　□其他

◆ 閱讀嗜好：□兩性　□心理　□勵志　□傳記　□文學　□健康
□財經　□企管　□行銷　□休閒　□小說　□其他

◆ 您平均一年購書：□ 5本以下　□ 6～10本　□ 11～20本
□ 21～30本以下　□ 30本以上

◆ 購買此書的金額：

◆ 購自：　　市(縣)
□連鎖書店　□一般書局　□量販店　□超商　□書展
□郵購　□網路訂購　□其他

◆ 您購買此書的原因：□書名　□作者　□內容　□封面
□版面設計　□其他

◆ 建議改進：□內容　□封面　□版面設計　□其他
您的建議：

剪下後傳真、掃描或寄回至「22103新北市汐止區大同路三段194號9樓之1讀品文化收」

廣告回信
基隆郵局登記證
基隆廣字第 55 號

221-03

新北市汐止區大同路三段 194 號 9 樓之 1

讀品文化事業有限公司　收

電話/(02)8647-3663　傳真/(02)8647-3660
劃撥帳號/18669219　永續圖書有限公司

請沿此虛線對折免貼郵票或以傳真、掃描方式寄回本公司，謝謝！

讀好書品嘗人生的美味

謝謝你不喜歡我：學會不抱怨的生活